汽车类高端技能人才·理实一体化系列教材

汽车底盘及车身电控技术

主　编　薛　燕
副主编　黄夏歌　李夏云

电子工业出版社
Publishing House of Electronics Industry
北京·BEIJING

内 容 简 介

汽车底盘及车身电子控制技术的运用贯穿在汽车设计、生产和维修的各个环节中，促进了汽车工业的发展。汽车底盘与车身电控技术是汽车类专业的专业核心课程，在专业课程体系中占据非常重要的位置。本书分为8章，包括：绪论；第1章为汽车防抱死制动系统；第2章为汽车电控驱动防滑系统；第3章为汽车车身动态稳定系统；第4章为电子控制悬架系统；第5章为电控动力转向系统；第6章为胎压监测系统；第7章为安全气囊系统；第8章为汽车导航系统。各章分别介绍各个电控系统的作用、类型、组成及其工作原理。

本书可作为汽车工程类高职高专的教材，也可作为汽车类工程技术人员、中等职业学校电子专业和汽车专业教师的参考书。

未经许可，不得以任何方式复制或抄袭本书之部分或全部内容。
版权所有，侵权必究。

图书在版编目（CIP）数据

汽车底盘及车身电控技术 / 薛燕主编．—北京：电子工业出版社，2016.7
汽车类高端技能人才·理实一体化系列教材
ISBN 978-7-121-29352-8

Ⅰ．①汽⋯ Ⅱ．①薛⋯ Ⅲ．①汽车—底盘—电气控制系统—高等学校—教材 ②汽车—车体—电气控制系统—高等学校—教材 Ⅳ．①U463.6

中国版本图书馆CIP数据核字（2016）第157855号

责任编辑：张小乐
  印 刷：北京虎彩文化传播有限公司
  装 订：北京虎彩文化传播有限公司
出版发行：电子工业出版社
     北京市海淀区万寿路173信箱 邮编 100036
开 本：787×1 092 1/16 印张：10.75 字数：280千字
版 次：2016年7月第1版
印 次：2022年6月第8次印刷
定 价：26.00元

凡所购买电子工业出版社图书有缺损问题，请向购买书店调换。若书店售缺，请与本社发行部联系，联系及邮购电话：（010）88254888，88258888。

质量投诉请发邮件至 zlts@phei.com.cn，盗版侵权举报请发邮件至 dbqq@phei.com.cn。
本书咨询联系方式：davidzhu@phei.com.cn。

出 版 说 明

高等职业教育的实践教学体系，是高等职业教育内涵的核心，在一定意义上可以说，高等职业教育实践教学体系决定了高等职业教育的特征，决定了高等职业教育培养目标的实现，构建高等职业教育实践教学体系是高职院校教学基础建设的重点。

作为全国最大的汽车类高等职业学校之一，西安汽车科技职业学院近年来根据汽车行业发展的需要，紧贴职业岗位，引进吸收国外汽车职业教育的先进理念和思想，深入开展实践教学体系的建设和改革。首先，根据实践教学内容，对实践教学项目进行分类，将实践教学内容的开发分为理实一体化教学课程开发和专项实习实训项目的开发两种类型；其次，进行了理实一体化教学课程开发，对汽车发动机构造、汽车底盘构造、汽车电器设备、发动机电子控制技术、车身与底盘电子控制技术、自动变速器、汽车故障诊断与维修7门课程实施理实一体化改造和建设，建设了理实一体化教室，开发出了一系列理实一体化核心课程；此外，以奥迪企业全球员工技术培训计划实践教学体系为基础，根据汽车4S店和修理厂技术岗位基本技能要求，开发了职业技能系列实训项目。经过实践教学体系的建设和改革，提高了实训教学的针对性和有效性，强化了职业岗位的能力素质培养，提升了毕业生的就业竞争力和发展后劲。

《汽车类高端技能人才·理实一体化系列教材》是理实一体化课程改革成果总结，配合理实一体化教室，为汽车技术类高职专业的核心课程提供了一个较为理想的教学方案。《汽车类高端技能人才·理实一体化系列教材》是《汽车类高端技能人才实用教材》的核心部分，与以前出版的其他专业基础课一起构成了一套较为完整的汽车技术类专业系列教材。

这套系列教材具有以下几个特点：

一是系统性。这一系列教材，包含了从汽车发动机、底盘构造，汽车电器设备，汽车电子控制系统，自动变速器，直到汽车维修与故障诊断等一系列课程教材，内容上从简到繁，由浅及深，认识过程上从观感认知到分析应用，基本囊括了汽车技术类专业的大多核心专业课程，形成了一个较为完整的专业课程体系。

二是实用性。在编写过程中，从企业岗位需求和学生发展空间两个方面考虑编排内容，既注重专业理论的系统性，又重点考虑了专业技能训练的需求。在章节框架结构上，不拘泥于其他理实一体化教材所追求的形式上的"理实一体化"，不强调"项目教学"，"任务导向"，而把重点放在如何在实践环节的学习中，既能学会基本专业技能，又能掌握系统的专业知识上。

三是通俗性。在编写过程中，充分考虑到高职学生文化基础的现实状况，降低对学生文化基础知识的要求，让大多数学生能够学得懂。

本套教材内容丰富、图文并茂、体例饱满，选材主要来源于最新的技术手册；难易适中、应用性强，有利于知识的吸收和技能的迅速提高，可作为高等职业技术院校或应用型本科汽车类各专业的必修课教材，也可作为成人高校汽车类各专业的教材，同时可作为相关从业人员的参考用书。

教材编写过程中，由于各种原因，疏漏和不尽如人意之处在所难免，敬请广大师生提出宝贵意见，以便再版时修订完善。

《汽车类高端技能人才·理实一体化系列教材》编委会

前　言

　　近些年，我国汽车工业高速发展，很多新技术在汽车中的运用越来越广泛和深入。现代汽车底盘及车身电子控制技术的应用，不但有效提高了汽车的动力性、安全舒适性、节能环保性能，而且提高了汽车的控制能力、自诊断能力等。汽车底盘及车身电子控制技术的运用贯穿在汽车的设计、生产和维修的各个环节中，促进了汽车工业的发展。

　　汽车底盘与车身电控技术是汽车类专业的专业核心课程，在专业课程体系中占据非常重要的位置。

　　本书分为8章，包括：绪论；第1章为汽车防抱死制动系统；第2章为汽车电控驱动防滑系统；第3章为汽车车身动态稳定系统；第4章为电子控制悬架系统；第5章为电控动力转向系统；第6章为胎压监测系统；第7章为安全气囊系统；第8章为汽车导航系统。分别介绍各个电控系统的作用、类型组成及其工作原理，对各个电控系统的基本检查与调整、常见故障分析及排除等内容进行了考核。通过不同章节的学习和实践，可以让学生掌握各个电控系统的基本理论知识，并能排除各个电控系统的常见故障。

　　本书可作为汽车工程类高职高专的教材，适用于汽车电子技术、汽车检测与维修、汽车运用与维修、新能源汽车等专业，也可作为汽车类工程技术人员、中等职业学校电子专业和汽车专业教师的参考书。

　　本书由西安汽车科技职业学院薛燕老师担任主编。绪论、第1章、第7章及第8章由薛燕老师编写，第2章、第3章由李夏云老师编写，第4章、第5章及第6章由黄夏歌老师编写。

　　本书在编写过程中参阅和引用了大量的相关文献资料，由于时间仓促，未能一一与著作者协商，在此表示衷心的感谢，并致以歉意。

　　由于编者水平有限，书中难免有疏漏和错误之处，恳请读者和专家批评指正，交流讨论，以便我们改正提高。

编　者
2016年2月于西安

目 录

绪论 ··· 1

第1章 汽车防抱死制动系统 ·· 7

1.1 汽车 ABS 基础理论知识 ··· 7
1.1.1 汽车制动性能 ·· 7
1.1.2 汽车制动时车轮受力分析 ··· 8
1.1.3 ABS 的功用、特点和类型 ··· 10

1.2 汽车 ABS 结构和工作原理 ··· 15
1.2.1 传感器 ·· 16
1.2.2 电子控制单元（ECU） ·· 20
1.2.3 执行元件 ·· 22
1.2.4 典型 ABS 液压调节装置工作过程 ··· 25

1.3 汽车 ABS 维护和保养 ··· 29

1.4 汽车 ABS 的检修 ··· 31
1.4.1 ABS 故障诊断和检测的一般方法及步骤 ···································· 31
1.4.2 ABS 零部件的检修 ··· 33
1.4.3 ABS 常见故障 ··· 34

第2章 汽车电控驱动防滑系统 ·· 39

2.1 汽车 ASR 概述 ·· 39
2.1.1 基本功能 ·· 39
2.1.2 基础理论知识 ·· 40
2.1.3 ASR 的控制方式 ··· 41
2.1.4 ASR 与 ABS 的联系与区别 ·· 42

2.2 汽车 ASR 系统的结构和工作原理 ··· 42
2.2.1 ASR 系统基本组成 ··· 42
2.2.2 主要部件 ·· 43
2.2.3 ABS/ASR 的工作工程 ··· 45

2.3 汽车 ASR 系统的检修 ·· 47
2.3.1 ASR 系统使用保养维护注意事项： ·· 47
2.3.2 关闭 ASR 功能 ·· 48
2.3.3 案例分析 ·· 48

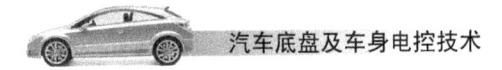

第 3 章 汽车车身动态稳定系统 51

3.1 汽车 ESP 概述 51
3.1.1 ESP 系统作用 52
3.1.2 ESP 的功能特点 53
3.1.3 上坡辅助系统（HAC） 53
3.1.4 陡坡缓降系统（HDC） 54
3.2 汽车 ESP 系统的组成和工作原理 56
3.2.1 ESP 系统基本组成 56
3.2.2 ESP 系统工作过程 59
3.3 汽车 ESP 系统的检修 60

第 4 章 电子控制悬架系统 65

4.1 电控悬架的概述 65
4.1.1 汽车悬架的作用 65
4.1.2 传统悬架对汽车性能的影响 66
4.1.3 电控悬架的作用 67
4.1.4 汽车悬架的分类 67
4.2 电控悬架的组成和工作原理 69
4.2.1 电控悬架系统的组成 69
4.2.2 电控悬架的工作原理 70
4.2.3 电控悬架系统的基本元件及工作过程 70
4.3 电控悬架系统检修 78
4.3.1 悬架系统检修过程中注意事项 78
4.3.2 电控悬架的基本检查 79
4.3.3 指示灯的检查 80
4.3.4 悬架的检修 80
4.4 电磁减震器 82
4.4.1 电磁减震器的概述 82
4.4.2 电磁减震器类型（开发企业不同） 83
4.4.3 电磁减震器的应用 83
4.4.4 电磁减震器的特点 84

第 5 章 电控动力转向系统 88

5.1 电控动力转向系统概述 88
5.2 电控电动式动力转向系统的组成及工作原理 90
5.2.1 EPS 的组成 90
5.2.2 EPS 的工作原理 93

- 5.3 四轮转向控制系统 ··· 94
  - 5.3.1 四轮转向系统的发展 ··· 94
  - 5.3.2 四轮转向控制系统的基本概念 ··· 94
  - 5.3.3 电控电动式 4WS 系统的发展概况 ·· 94
  - 5.3.4 电控四轮转向系统的特性 ·· 95
  - 5.3.5 电控四轮转向系统的组成 ·· 96
  - 5.3.6 电控四轮转向系统的工作原理 ··· 97
- 5.4 电控动力转向系统的检修 ··· 97
  - 5.4.1 电控动力转向系统的检修 ·· 97
  - 5.4.2 电控液压式动力转向系统的检修 ··· 98
  - 5.4.3 电控电动式转向系统的检修 ·· 99

第 6 章 胎压监测系统 ··· 103

- 6.1 胎压监测系统简介 ··· 103
  - 6.1.1 胎压监测系统的作用 ··· 103
  - 6.1.2 胎压监测系统的分类 ··· 104
  - 6.1.3 胎压监测系统的基本组成 ·· 106
- 6.2 胎压监测系统工作原理及安装 ··· 107
  - 6.2.1 胎压监测系统工作原理（数字胎压监测系统）······························· 107
  - 6.2.2 胎压监测系统的安装 ··· 109
- 6.3 胎压监测系统的检修 ··· 113
  - 6.3.1 胎压监测系统使用注意事项 ·· 113
  - 6.3.2 胎压监测系常见故障现象及原因 ··· 114
  - 6.3.3 胎压监测系统的案例分析 ·· 114

第 7 章 安全气囊系统 ··· 119

- 7.1 安全气囊系统 ·· 119
  - 7.1.1 安全气囊系统概述 ··· 119
  - 7.1.2 安全气囊系统的组成 ··· 121
- 7.2 安全气囊控制原理 ··· 129
  - 7.2.1 安全气囊系统的工作原理 ·· 129
  - 7.2.2 安全气囊的动作过程 ··· 130
  - 7.2.3 安全气囊的引爆条件 ··· 131
  - 7.2.4 安全气囊不引爆的条件 ·· 131
  - 7.2.5 安全气囊系统保险机构与线束 ··· 132
- 7.3 安全气囊系统的检修 ··· 134
  - 7.3.1 使用安全气囊的注意事项 ·· 134

7.3.2 安全气囊系统的故障诊断	135
7.3.3 安全气囊系统故障检修	135
7.3.4 安全气囊的引爆	136
7.4 新型智能安全气囊系统	138

第8章 汽车导航系统 141

8.1 汽车 GPS 导航系统 141
8.1.1 汽车 GPS 导航系统简介 141
8.1.2 汽车 GPS 导航系统的功能 143
8.1.3 汽车 GPS 导航系统的使用场合 144

8.2 GPS 导航系统的组成及工作原理 145
8.2.1 汽车 GPS 导航系统组成 145
8.2.2 汽车 GPS 导航系统的工作原理 147
8.2.3 汽车 GPS 导航系统关键指标介绍 149

8.3 汽车 GPS 导航系统的检修 150
8.3.1 GPS 导航系统的检修方法 150
8.3.2 预检查 151
8.3.3 故障诊断 152
8.3.4 常见故障排除 153

8.4 智能交通系统 156
8.4.1 智能交通系统出现的原因 156
8.4.2 智能交通系统的概念及发展 157
8.4.3 智能交通系统的组成 157

参考文献 161

绪 论

从目前底盘技术发展来看，越来越多的新电子控制设备被应用于汽车上，其中许多新的底盘及车身控制技术设备在汽车的安全性、动力性、操作稳定性等方面起着重要的作用。本书主要介绍汽车防抱死和防滑控制系统（ASR、ESP），汽车电控悬架系统、汽车电子转向系统、胎压监测系统、安全气囊系统、汽车导航系统等。如今，汽车底盘控制技术正向着电子化、信息化、网络化、集成化的方向发展。

1. 汽车防抱死制动系统（ABS）

汽车防抱死制动系统（ABS）是一项在 20 世纪 80 年代末才兴起的新技术，但发展得很快，现在已成为许多汽车的标准配置。据统计，汽车突然遇到情况制动时，90%以上的驾驶者往往会一脚将制动踏板踩到底来个急刹车，此时汽车十分容易产生纯粹性滑移并发生侧滑，即人们俗称的"甩尾"，这是一种非常容易造成车祸的现象。造成汽车侧滑的原因有很多，例如行驶速度、地面状况、轮胎结构等，但最根本的原因是汽车在紧急制动时轮胎与地面的滚动摩擦会突然变为滑动摩擦，轮胎的抓地力几乎丧失，此时驾驶者尽管扭动方向盘也无济于事。针对这种产生侧滑现象的根本原因，汽车专家早在 20 世纪 60 年代就研制出了车用 ABS（见图 0.1）这样一套防滑制动装置。

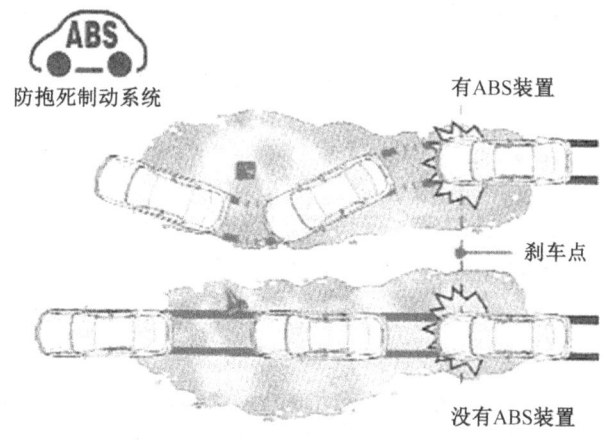

图 0.1 防抱死制动系统（ABS）

ABS 是在常规刹车装置基础上的改进型技术，可分为机械式和电子式两种。它既有普通制动系统的制动功能，又能防止车轮抱死，使汽车在制动状态下仍能转向，保证汽车制动方向的稳定性，防止产生侧滑和跑偏，这是目前汽车上最先进、制动效果最佳的制动装置。

2. 汽车驱动防滑系统（ASR）

ASR，其全称是 Acceleration Slip Regulation，即驱动防滑系统，其功能是防止车辆，尤其是大马力车辆，在起步、再加速时驱动轮出现打滑的现象，以维持车辆行驶方向的稳定性。ASR 系统也称为 TCS 系统，如图 0.2 所示为博世 ESP 8.0 车身电控系统。

ASR 可以通过减少节气门开度来降低发动机功率，或者由制动器控制打滑车轮来达到对汽车牵引力的控制。装有 ASR 的汽车，从油门踏板到汽油机节气门（柴油机喷油泵操纵杆）之间的机械连接被电控油门装置所代替，当传感器将油门踏板的位置及轮速信号传送至控制单元时，控制单元就会产生控制电压信号，伺服电机依此信号重新调整节气门的位置（或者柴油机操纵杆的位置），然后将该位置信号反馈至控制单元，以便及时调整制动器。

当汽车行驶在易滑的路面上时，没有 ASR 的汽车加速时驱动轮容易打滑，如果是后驱动轮打滑，车辆容易发生侧滑甩尾，如果是前驱动轮打滑，车辆方向容易发生失控。装有 ASR 时，汽车在加速时就能够避免或减轻这种现象。在转弯时，如果发生驱动轮打滑，会导致整个车辆向一侧偏移，当有 ASR 时就会使车辆沿着正确的路线转向。

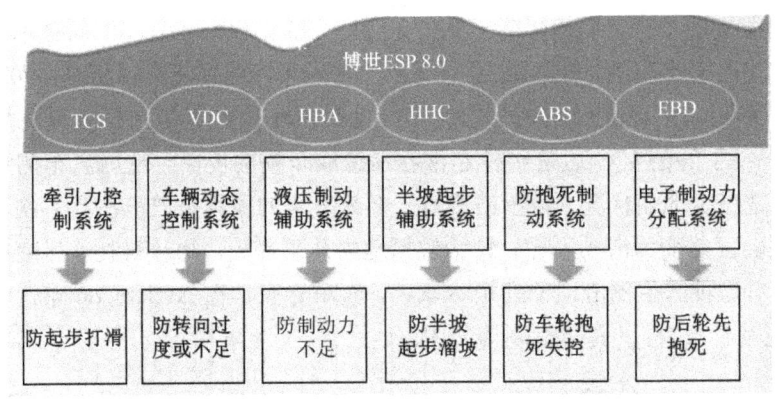

图 0.2　博世 ESP 8.0 车身电控系统

3. 汽车电子稳定系统（ESP）

ESP 可以实时监控汽车行驶状态，必要时可自动向一个或多个车轮施加制动力，以保持汽车在正常的车道上行驶，甚至在某些情况下可以进行每秒 150 次的制动，而且它还可以主动调控发动机的转速并调整每个车轮的驱动力和制动力，以修正汽车的过度转向和转向不足。ESP 还有实时警示功能，当驾驶者操作不当或路面异常时，它会用警告灯警示驾驶者。

在 ABS（防抱死制动系统）、BAS（制动辅助系统）及 ASR（驱动防滑系统）三个系统的共同作用下，ESP 可以最大限度地保证汽车不跑偏、不甩尾、不侧翻。据统计，有 25% 导致严重人员伤亡的交通事故是由侧滑引起的，更有 60% 的致命交通事故是因侧面撞击而导致的，其主要原因就是车辆发生了侧滑，而 ESP 能有效降低车辆侧滑的风险，从而降低交通事故的数量以拯救生命。图 0.3 所示为车辆在行驶过程中遇转向过度或转向不足的情况下，有无 ESP 的行驶轨迹对比。

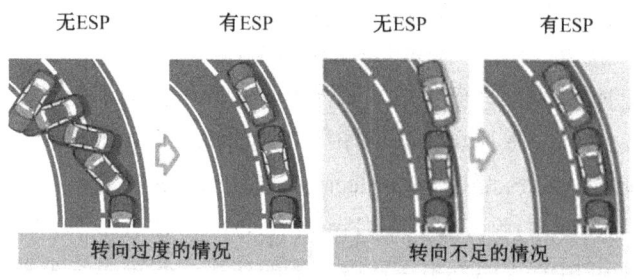

图 0.3 车辆在行驶过程中遇转向过度或转向不足的情况

当前 ESP 主要应用于一些高端车型，如奔驰、奥迪等。在欧盟地区，新车 ESP 装备率已达 35%，而国内的新车 ESP 装备率还只有 3%，随着人们对车辆安全性的要求日益提高，ESP 将会被越来越多的车辆所应用。

4. 电子控制悬架系统

电子控制悬架系统能够根据车身高度、车速、转向角度及速率、制动等信号，由电子控制单元（ECU）控制悬架执行机构，使悬架系统的刚度、减振器的阻尼力及车身高度等参数得以改变，从而使汽车具有良好的乘坐舒适性和操纵稳定性。电子控制悬架系统的组成如图 0.4 所示。

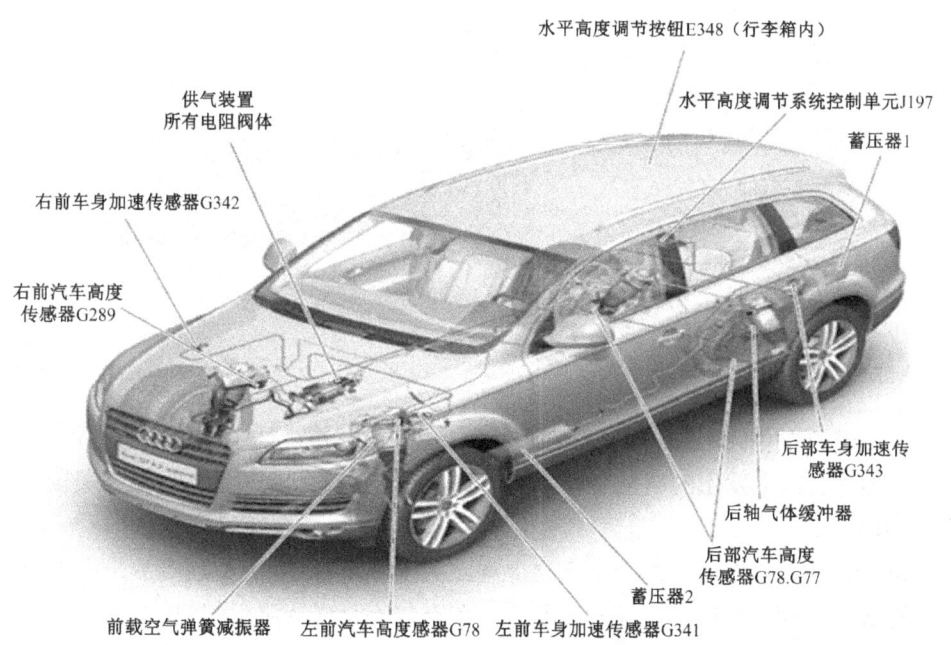

图 0.4 电子控制悬架系统的组成

电子控制悬架系统中的空气悬架系统已经有 70 多年的发展历史了。目前的应用范围相当广泛，特别是在商用车领域，100%的中型以上客车和 80%以上的卡车都使用了空气悬架系统。而在乘用车上，高档汽车和 SUV 车型对其应用很广泛。

5．汽车动力转向系统

随着电子技术的迅速发展，电子技术在汽车上的应用范围不断扩大。汽车转向系统已从简单的纯机械式转向系统、液压动力转向系统（Hydraulic Power Steering，HPS）、电动液压助力转向系统（Electric Hydraulic Power Steering，EHPS）发展到如今的更为节能且操纵性能更为优越的电动助力转向系统（Electrical Power Steering，EPS），如图0.5所示为电动助力转向系统EPS。EHPS和EPS等助力系统在汽车上的应用，改善了汽车转向力的控制特性，降低了驾驶员的转向负担，然而汽车转向系统始终处于机械传动阶段，转向传动比固定，汽车转向特性随车速变化进行一定的操作补偿，从而控制汽车按其意愿行驶。如果转向盘与转向轮通过控制信号连接，即采用线控转向系统（Steering-By-Wire System，SBWS），则转向盘转角和汽车前轮转角之间关系（汽车转向的角传递特性）的设计就可以得到改善，从而降低驾驶员的操纵负担，改善人车闭环系统性能。

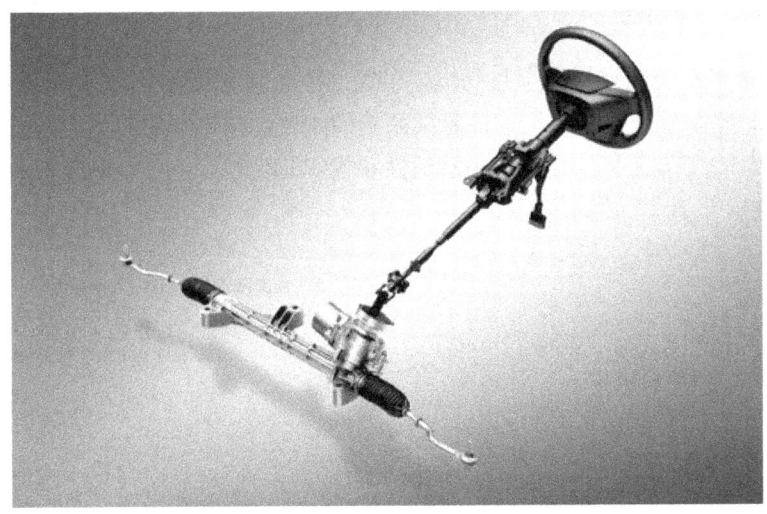

图0.5　电动助力转向系统EPS

6．汽车轮胎胎压监测系统

汽车在高速行驶中，轮胎故障是最难预防的，也是突发性交通事故发生的重要原因之一。据统计，在高速公路上发生的严重交通事故中有70%是由于爆胎引起的，而在美国，这一比例则高达80%。

防止爆胎已成为汽车安全的一个重要课题。美国每年有26万交通事故是由于轮胎气压低或漏气造成的，同时75%的轮胎故障是由轮胎充气不足或渗漏引起的。

美国法律要求从2007年8月起，在美国销售的所有乘用车和轻型卡车都必须安装胎压监测报警器，欧洲也颁布了相应的法规。在今后的五年里，全球预计会有七亿零一百万只轮胎需要安装胎压监测报警器。中国是汽车消费大国，相信在不久的将来政府也会制定相关法规。车厂对汽车轮胎胎压监测系统的重要性日益重视。图0.6所示为汽车轮胎胎压监测系统的显示系统。

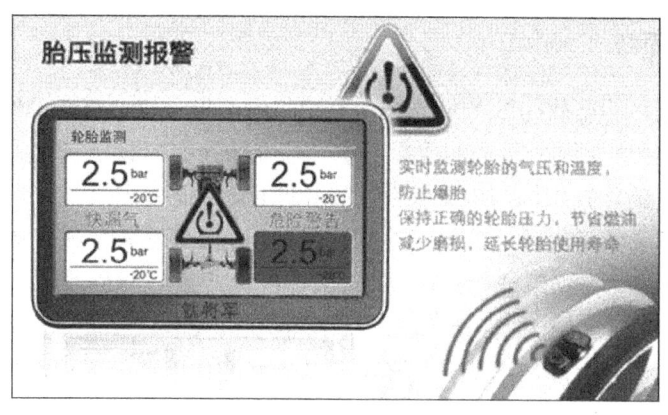

图 0.6 汽车轮胎胎压监测系统

每个轮胎安装高灵敏度的感应发射器,可以实时监测轮胎的压力和温度,数据信号无线传送到车内的终端接收系统。当轮胎出现漏气、胎压过高或过低、温度过高等异常情况时,终端会自动报警并显示轮胎状态,从而确保汽车行驶的安全。

7. 汽车安全气囊系统

随着高速公路的发展和汽车性能的提高,汽车的行驶速度越来越快,特别是由于汽车拥有量的迅速增加,交通越来越拥挤,使得事故更为频繁,所以汽车的安全性就变得尤为重要。安全气囊是现代汽车上引人注目的新技术装置。为了减小汽车发生正面碰撞时由于巨大的惯性所造成的对驾驶员和乘员的伤害,现代汽车在驾驶员前端方向盘中央普遍装有安全气囊系统,有些汽车在驾驶员副座前的工具箱上端也装有安全气囊系统。图 0.7 为某车型车内安全气囊的分布位置。

图 0.7 车内安全气囊分布位置

当汽车发生冲撞时,安全气囊系统对保护驾乘人员的安全十分有效。

目前安全气囊系统一般为转向盘单气囊系统,或双气囊系统。安装有双气囊和安全带预紧器系统的车辆在发生冲撞时,不管速度高低,气囊和安全带预紧器同时动作,这将造成低速冲撞时气囊的浪费,使维修费用增加很多。

8. 汽车导航系统

汽车导航系统，即车载GPS导航系统，其内置的GPS天线会接收到来自环绕地球的24颗GPS卫星中的至少3颗所传递的数据信息，结合储存在车载导航仪内的电子地图，通过GPS卫星信号确定的位置坐标与电子地图信息相匹配，从而确定汽车在电子地图中的准确位置，这就是通常所说的定位功能，如图0.8所示为北斗信息服务系统。在定位的基础上，可以通过多功能显示器，提供最佳行车路线，前方路况以及最近的加油站、饭店、旅馆等信息。假如不幸GPS信号中断，因此而迷了路，也不用担心，GPS已记录了行车路线，还可以按原路返回。当然，这些功能都离不开已经事先编制好的使用地区的地图软件。

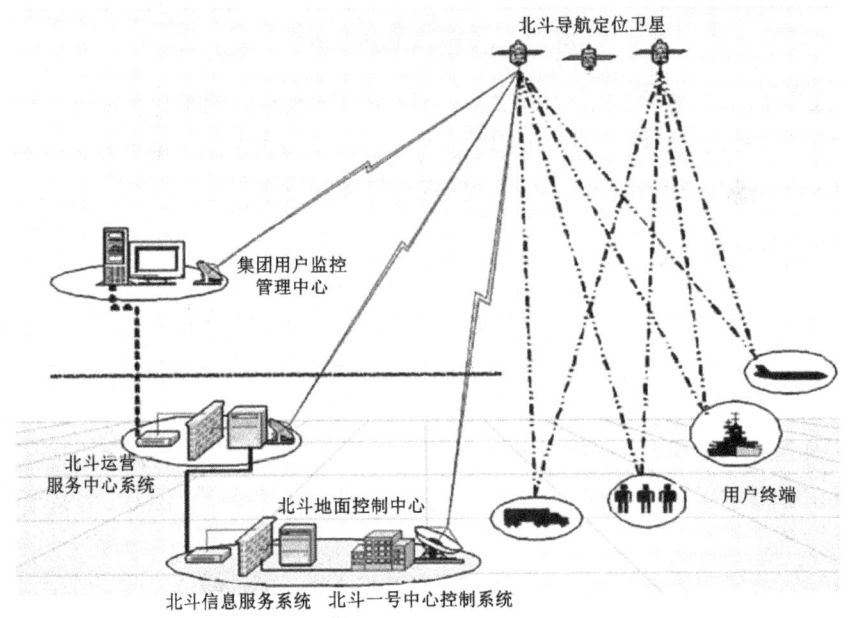

图0.8　北斗信息服务系统

汽车导航需要的是一个GPS导航产品。导航产品一般有3种，第一种是便携式导航仪，通常用吸盘吸附在挡风玻璃上，导航地图是内置的，不需要安装，可以直接使用，非常简单方便；第二种是车载DVD导航，就是通过修改汽车的电路和外观，将一个带导航功能的DVD嵌入到汽车里面。车载DVD导航无法自己安装，需要找机器厂家或汽车维修装修点进行安装；第三种导航就是用GPS导航手机，这种方式也非常简单，不需要安装，一般导航手机都内置完好的导航软件，打开就可以使用。

现代汽车底盘电子控制系统正从最初的单一控制发展到如今的多变量多目标综合协调控制，这样可以在硬件上共用传感器、控制器件和线路，使零件数量减少，从而减少连接点，提高可靠性；在软件上能够实现信息融合、集中控制，提高和扩展各自的单独控制功能，其中主要包括ABS/ASR/ESP的集成化、ABS/ASR/ACC的集成化技术。

第 1 章 汽车防抱死制动系统

【本章学习目标】

掌握常用检测仪器和检测设备的使用方法。
能够按照常规的检测方法和检测步骤进行正确操作。
通过规范文明操作，培养良好的职业道德和安全环保意识。

【项目描述】

自汽车出现之时起，车辆制动系统在车辆安全方面就扮演着至关重要的角色，随着车辆技术的进步和汽车行驶速度的提高，这种重要性表现得越来越明显。众多的汽车工程师在改进汽车制动性能的研究中倾注了大量的心血，目前关于汽车制动的研究主要集中在制动控制方面。

汽车 ABS 是防抱死制动系统，能防止车轮制动时抱死，是一种主动安全装置。

1.1 汽车 ABS 基础理论知识

【情境导入】

我们经常在车上遇见这样的情景，在湿滑路面遇到紧急情况驾驶员急刹车时，能听到"咯噔咯噔"的声音，请大家解释一下为什么会出现这样的声音？

【理论引导】

1.1.1 汽车制动性能

汽车行驶时能在短时间内停车且维持行驶方向的稳定性和在下长坡时能维持一定车速的能力，称为汽车的制动性。制动性能是汽车的主要性能之一。

评价制动性能的指标主要有制动效能和制动稳定性。

（1）制动效能：汽车制动效能是指迅速降低车速直至停车的能力。汽车制动效能的评价指标是制动距离 S（单位：m）、制动减速度（单位：m/s^2）和制动时间（单位：s）。

（2）制动稳定性：制动时汽车的方向稳定性是指汽车在制动时仍能按指定方向的轨迹行驶，即不发生跑偏、侧滑或失去转向能力。

1.1.2 汽车制动时车轮受力分析

1．车轮受力分析

车轮的受力分析如图1.1.1所示。

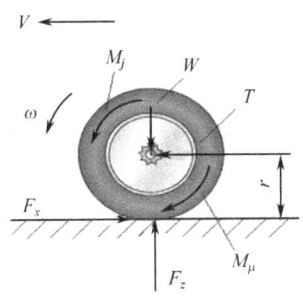

V——车速；ω——车轮旋转角速度；M_j——惯性力矩；M_μ——制动阻力矩；W——车轮法向载荷；F_z——地面法向反力；T——车轴对车轮的推力；F_x——地面制动力；r——车轮半径

图 1.1.1　车轮受力分析

制动器制动力（F_μ）是在轮胎周缘为克服制动器摩擦力矩所需施加的力；附着力（F_Φ）是地面防止车轮滑动所能提供的切向反作用力的极限值；地面制动力（F_x）是轮胎与地面的摩擦力。

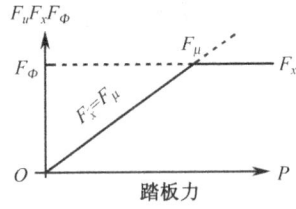

图 1.1.2　地面制动力、制动器制动力及附着力之间的关系

2．硬路面上附着系数与滑移率的关系

①滑移率 S

车速和车轮速度之间出现的差异称为滑移。车辆行驶中车轮与地面之间的滑移比例大小就是滑移率 S。

$$S = \frac{(V - V_\omega)}{V} \times 100\%$$
$$= \frac{(V - r_\omega)}{V} \times 100\%$$

其中，S 是滑移率、V 是车速、V_ω 是轮速。

分析结论如图 1.1.3 所示：$S<20\%$ 为制动稳定区域；$S>20\%$ 为制动非稳定区域；将车轮滑移率 S 控制在 20% 左右，便可获取最大的纵向附着系数和较大的横向附着系数，这是最理想的控制效果。

图 1.1.3 干燥硬实路面附着系数与滑移率的关系

② 硬路面上附着系数与滑移率的关系

硬路面上附着系数与滑移率的关系，如表 1.1.1 所示。

表 1.1.1 制动过程中车轮的三种运动状态

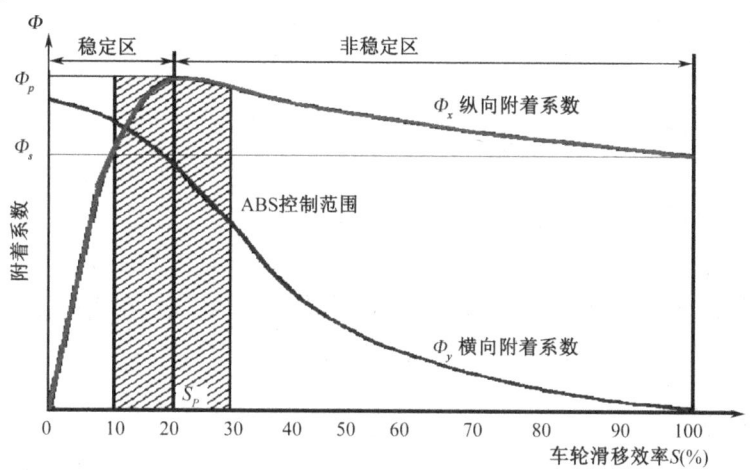

纯滚动，路面印痕与路面花纹基本一致	纯滚动	车速 = 轮速
边滚动，路面印痕可以辨认出轮胎花纹，但花纹逐渐模糊	又滚又滑	车速>轮速

续表

抱死拖滑，路面印痕粗黑	制动力矩 制动力（小） 可承受侧向力 （约等于零）	轮速 = 0

1.1.3 ABS 的功用、特点和类型

第一台防抱死制动系统 ABS（Anti-lock Brake System）于 1950 年问世，首先被应用在航空领域的飞机上，1968 年开始研究应用在汽车上。20 世纪 70 年代，由于欧美七国生产的新型轿车的前轮或前后轮开始采用盘式制动器，促使了 ABS 在汽车上的应用。1980 年后，电脑控制的 ABS 逐渐在欧洲、美国及日本生产的汽车上迅速普及。

1. ABS 的功用

ABS 的功用是在汽车制动过程中，自动调节车轮的制动力，防止车轮抱死，从而获得最佳的制动性能，减少交通事故。

2. ABS 的特点

优点：
① 制动时保持方向稳定性；
② 制动时保持转向控制能力；
③ 缩短制动距离；
④ 减少轮胎磨损，使轮胎的寿命提高 6%～10%；
⑤ 减少驾驶员紧张情绪；
⑥ 使汽车平均车速提高约 15%。

ABS 也存在以下不足：
① ABS 不能提供超越车轮与路面所能承受的最大制动力；
② ABS 性能的好坏受整车性能的影响；
③ ABS 不能取代驾驶员的制动，只能在驾驶员制动时，帮助其达到较好的制动效果；
④ 在平滑的干路面上制动，熟练驾驶员制动的制动距离可能比 ABS 工作时的制动距离短，这主要是由于 ABS 允许的滑移率较低（约 8%）所致；
⑤ 在松散的沙土和积雪较深的路面上制动时，车轮抱死制动要比 ABS 工作时的制动距离短。

3. ABS 系统类型

ABS 可分为机械式和电子式，目前，机械式已被淘汰，电子式在汽车上得到了广泛使用，下面按传感器及控制通道的数量着重介绍电子式 ABS 的分类。

（1）按车轮控制方式分类

汽车 ABS 按车轮控制方式不同可分为轴控式和轮控式。

ABS 工作时，制动压力能够进行独立调节的制动管路称为控制通道。每个车轮各占用一个控制通道的方式称为轮控式。两个车轮占用同一个控制通道的方式称为同时控制。当同时控制的两个车轮在同一轴上时，就称为轴控式。

① 4 传感器 4 通道

该系统具有四个传感器和四条控制通道，能够根据各个车轮的需要分别控制制动压力，优点是制动距离最短，制动操纵性好；缺点是系统布置较复杂，成本较高。此外，在附着系数不同的不对称路面上制动时，影响制动的方向稳定性。为此，可采用低选原则控制，即两前轮仍分别控制，而后轮则以易抱死的车轮为标准，对两后轮同时施加相等的制动力矩，如图 1.1.4 所示。

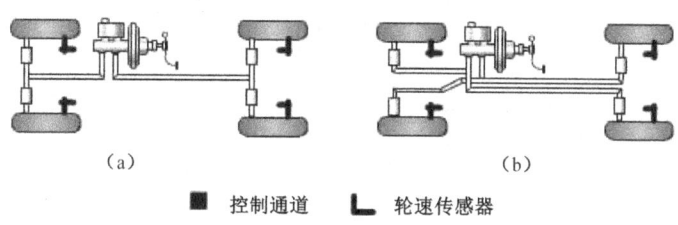

(a)　　　　　　　　(b)

■ 控制通道　　L 轮速传感器

图 1.1.4　4 传感器 4 通道四轮独立控制 ABS

② 4 传感器 3 通道

该系统用两个传感器和两条控制通道分别控制两个前轮，将后路的两个传感器信号按低选原则控制方式加以综合处理后，用一条液压通道同时控制两个后轮。国产桑塔纳 GSI、捷达王等汽车均采用这种方式，如图 1.1.5 所示。

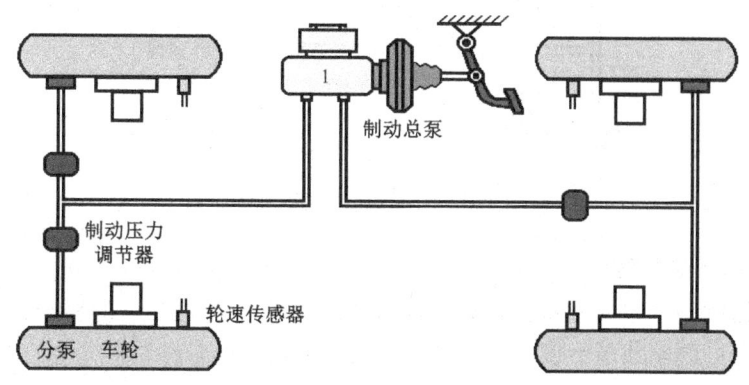

图 1.1.5　4 传感器 3 通道 ABS

③ 4 传感器 2 通道

该系统由两个传感器分别控制两个前轮,用一个装在差速器上的传感器和另一条液压通道控制两个后轮,如图 1.1.6 所示。

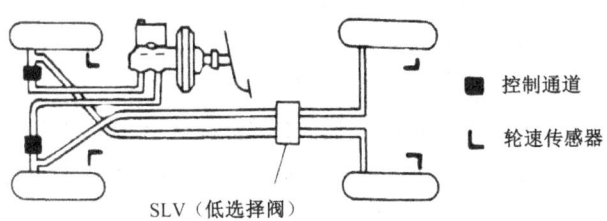

图 1.1.6　4 传感器 2 通道 ABS

④ 3 传感器 3 通道

用两个传感器和两条液压通道分别控制两个前轮,用一个装在差速器上的传感器和另一条液压控制通道控制两个后轮,如图 1.1.7 所示。

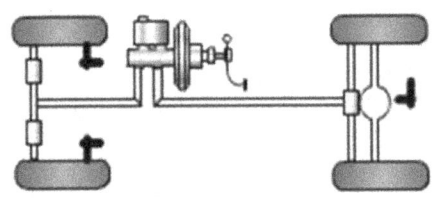

图 1.1.7　3 传感器 3 通道 ABS

⑤ 3 传感器 1 通道

只采用一个传感器一个液压通道分别控制两个后轮,以避免汽车在制动时因后轮抱死而发生侧滑,如图 1.1.8 所示。

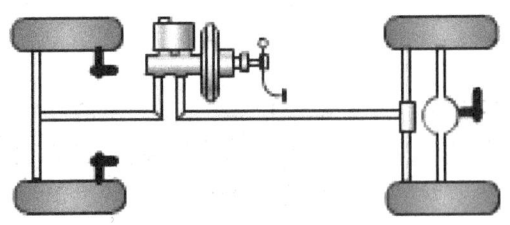

图 1.1.8　3 传感器 1 通道 ABS

(2) 按结构形式分类

① ABS 按制动压力调节器和制动主缸的结构形式分为分离式和整体式两种。

分离式 ABS 的制动压力调节器为独立总成,通过制动管路与制动主缸和轮缸相连,其突出特点是零部件安装灵活,适合 ABS 作为选装部件的车。

整体式 ABS 的制动压力调节器与制动主缸和制动助力器组合成一个整体,其优点是结构紧凑，节省安装空间。

② 按生产厂家分类

按生产厂家不同分为：博世（Bosch）ABS 系统、戴维斯（Teves）ABS 系统、德尔科（Delco）ABS 系统和本迪克斯（Bendix）ABS 系统等。

（3）电子制动力分配系统（EBD）

电子制动力分配系统（EBD）的英文全称是 Electric Brakeforce Distribution，德文缩写为 EBV，所以很多欧洲车用 EBV 表示，比如奥迪 A6、宝来、高尔夫等。在 EBD 发明初期，由于其成本高昂，只配备在较高档的汽车中。随着汽车技术的飞速发展，现如今 EBD 已在绝大部分的乘用车上得到了使用。在汽车制动过程中若前轮先抱死滑移，汽车能够维持直线减速停车，处于稳定状态。制动力分配系统示意图如图 1.1.9 所示。

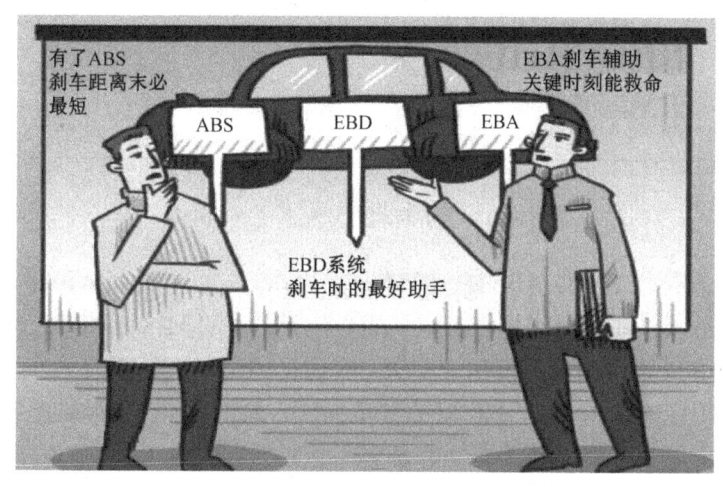

图 1.1.9　制动力分配系统

EBD 能够根据由于汽车制动时产生轴荷转移的不同，自动调节前后轴的制动力分配比例，提高制动效能，并配合 ABS 提高制动稳定性。汽车在制动时，四只轮胎附着的地面条件往往不一样。EBD 的工作原理恰恰就是利用高速计算机在汽车制动的瞬间，分别对四只轮胎附着的不同地面进行感应和计算，得出不同的摩擦力数值，使四只轮胎的制动装置根据不同的情况用不同的方式和力量制动，并在运动中不断调整，使制动力与摩擦力相匹配，从而保证车辆的平稳。实际调整前后轮时，它可依据车辆的重量和路面条件来控制制动过程，制动以前轮为基准去比较后轮的滑动率（即车辆的实际车速和车轮的圆周线速度之差与车辆实际车速之比），若发觉前后车轮有差异，而且差异程度必须被调整时，它就会调整汽车制动液压系统，使前后轮的液压接近理想化制动力的分布，如图 1.1.10 所示。当紧急刹车车轮抱死时，EBD 在 ABS 系统启动之前就已经平衡了每一个轮胎的有效地面抓地力，可以防止甩尾和侧移，并缩短汽车制动距离。

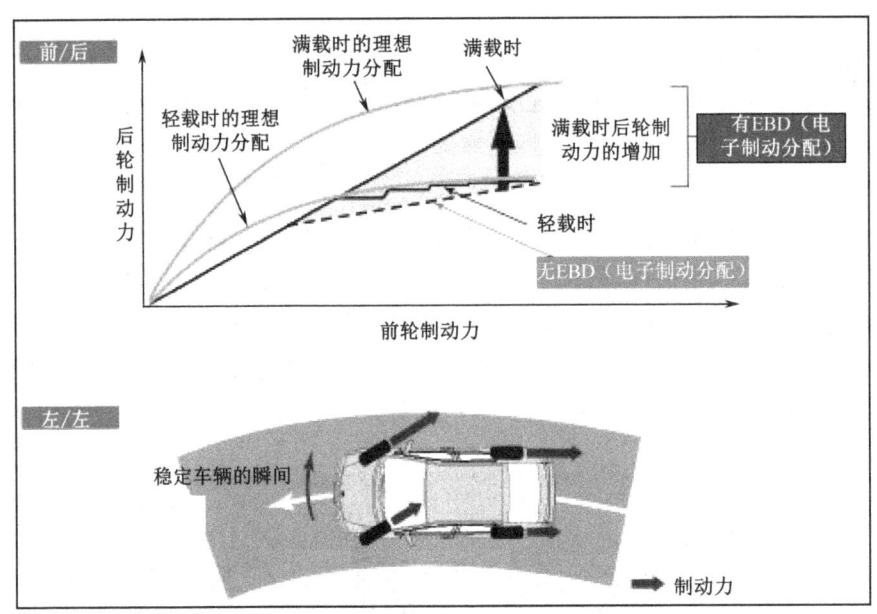

图 1.1.10　电子制动力分配系统（EBD）

从工作原理上讲，EBD 是 ABS 的一个附加作用系统，可以提高 ABS 的效用，共同为行车安全添筹加码。所以在安全指标上，汽车的性能又多了"ABS+EBD"一项。值得一提的是，即使车载 ABS 失效，EBD 也能保证车辆不会出现因甩尾而导致翻车等恶性事件的发生。同时它还能较大程度地减少 ABS 工作时的振噪感，不需要增加任何硬件配置，成本比较低，因此不少专业人士更是直观地称之为"更安全、更舒适的 ABS"。在车轮轻微制动时，电子制动力分配（EBD）功能就起到作用，转弯时尤其如此。速度传感器记录 4 个车轮的转速信息，电子控制单元计算车轮的转速，如果后轮滑移率增大，则调节制动压力，使后轮制动压力降低。电子制动力分配（EBD）功能保证了较高的侧向力和合理的制动力分配。

EBD 使用特殊的 ECU（电子控制单元）功能来分配前轴和后轴之间的制动力。当汽车制动时，电子控制单元会根据接收到的轮速信号、载荷信号、踏板行程信号以及发动机信号等，经处理后向电磁阀和轴荷调节器发出控制指令，使各轴的制动力得到合理分配。EBD 在汽车制动时即开始控制制动力，而 ABS 则是在车轮有抱死倾向时开始工作。EBD 的优点在于在不同的路面上都可以获得最佳制动效果，缩短制动距离，提高制动灵敏度和协调性，改善制动的舒适性。

（4）电子控制制动辅助系统（EBA）

EBA 的英文全称 Electronic Brake Assist，是汽车紧急制动辅助系统的一种。

在正常情况下，大多数驾驶员开始制动时只施加很小的力，然后根据情况调整对制动踏板施加的制动力。如果必须突然施加较大的制动力，或驾驶员反应过慢，这种方法会阻碍他们及时施加最大的制动力。许多驾驶员也对需要施加较大的制动力没有准备，或者他们反应得太晚，可能会造成制动距离过长，导致追尾等交通事故。

EBA 通过驾驶员踩踏制动踏板的速率来理解它的制动行为，如果它察觉到制动踏板的制动压力恐慌性增加，EBA 会在几毫秒内启动全部制动力，其速度要比大多数驾驶员移动脚的速度快得多。EBA 可显著缩短紧急制动距离并有助于防止在停停走走的交通中发生追尾事故。EBA 系统实时监控制动踏板的运动。它一旦监测到踩踏制动踏板的速度陡增，而且驾驶员继续大力踩踏制动踏板，它就会释放出储存的 180bar（即 18 兆帕）的液压施加最大的制动力。驾驶员一旦释放制动踏板，EBA 系统就转入待机模式。由于更早地施加了最大的制动力，紧急制动辅助装置可显著缩短制动距离。

EBA 是先进的汽车电子产品，由传感器、执行器和控制器组成。核心的执行器是车内的电子真空助力器（Electronic Vacuum Booster，EVB），其作用原理是在制动主泵上安装一个压力传感器，通过压力传感器感知驾驶员是否进行紧急制动行为。如果是紧急制动，车载控制电脑会启动电子真空助力器内部的电磁机构，加速将制动压力提升至助力器的最大伺服点。双膜片的电子助力器的反应时间在 0.4 秒内达到助力器的最大伺服压力。

EBA 的本质是实现车辆的线控制动功能。当 EBA 配合长程雷达、激光雷达或其他视觉系统时，可以实现车辆的自适应巡航系统功能，车辆主动避撞功能等。

1.2　汽车 ABS 结构和工作原理

【情境导入】

一辆奔驰 300SEL 的轿车 ABS 故障指示灯自动亮起，车辆却行驶正常，这说明该车的电控防抱死制动系统工作正常。由于此时驻车制动器也不工作，所以着重检查其制动开关是否短路以及该系统 ABS 故障指示灯部分的电路有无短路现象。通常这种故障多发生在该系统的电路中，尤其是制动开关处。经检查，发现驻车制动器的制动开关短路。修复驻车制动器的制动开关后，ABS 故障指示灯恢复正常，故障排除。

根据上述案例，请思考下列问题：

（1）ABS 系统有何功能？

（2）制动开关安装在何部位？有何作用？

【理论引导】

汽车 ABS 在原来常规制动系统的基础上，增加了车轮速度传感器、电子控制单元、制动压力调节器、ABS 报警灯等。如图 1.2.1 和表 1.2.1 所示。

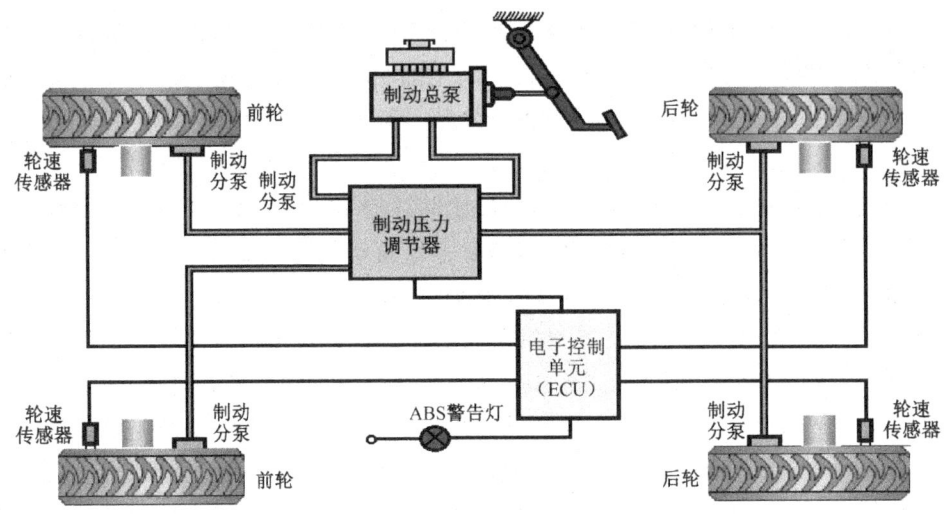

图 1.2.1 ABS 系统的组成

表 1.2.1 ABS 系统组成元件及其功用

组成元件		功用
传感器	车速传感器	检测车速,给电子控制单元提供车速信号,用于滑移率控制方式
	轮速传感器	检测轮速,给电子控制单元提供轮速信号,各种控制方式均采用
	G 传感器(减速度传感器)	检测制动时减速度,识别是否是冰雪等易滑路面,只用于四轮驱动控制系统
执行器	制动压力调节器	接收电子控制单元的指令,通过电磁阀的动作,控制制动系统压力的增加、保持或减小
	ABS 警报灯	ABS 系统出现故障时,可以报警
电子控制单元		接收传感器信号,计算车速、轮速、滑移率、车轮加减速度,通过计算、处理把信号给执行元件

1.2.1 传感器

轮速传感器也称车轮速度传感器,它可以测出车轮与驱动轮的共同旋转速度,轮速传感器将信号传给 ABS 系统的 ECU,ECU 通过计算决定是否进行防抱死制动控制,因此轮速传感器十分重要。轮速传感器按工作原理分为电磁式和霍尔式。

1. 轮速传感器基本结构

轮速传感器是一种由磁通量变化而产生感应电压的装置,分别安装在四个车轮上,一般由磁感应传感头和齿圈组成。传感头是一个静止部件,通常由永久磁铁、电磁线圈和磁极等构成,安装在每个车轮的托架上。齿圈是一个运动部件,一般安装在轮毂或轮轴上与车轮一起旋转。齿圈上齿数的多少与车型、ABS 系统电控单元有关,比如博世公司的有 100 个齿。传感头磁极与齿圈的端面有一空气隙,一般为 1mm 左右,通常可移动传感头的位置来调整间隙（具体间隙的大小可查阅维修手册）。在实际安装中，可用一个厚度与空气隙大小一样的纸盘贴在传感头的磁极面上，纸盘的另一面紧挨齿圈凸出端面，然后固定传感头即可，如图 1.2.2 所示。

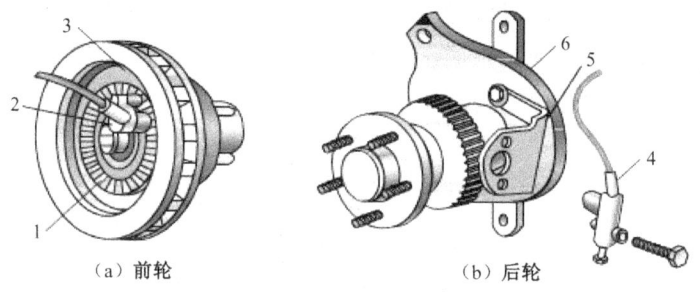

（a）前轮　　　　　　　　（b）后轮

1-齿圈；2-传感头；3-半轴套筒；4-传感器头；5-固定部件；6-轮毂

图 1.2.2　轮速传感器外形及基本结构

2．工作原理

轮速传感器的工作原理如图 1.2.3 所示。传感头与齿圈紧挨着固定，当齿圈随车轮旋转时，在永久磁铁上的电磁感应线圈中就产生了交流信号（这是因为齿圈上齿峰与齿谷通过时引起磁场强弱变化），交流信号的频率与车轮速度成正比，交流信号的振幅随轮速的变化而变化 [德尔科 ABS（VI）最低转速时电压为 0.1V，最高时为 9V]。ABS 电控单元通过识别传感器发来的交流信号的频率来确定车轮的转速，如果电控单元发现车轮的圆周减速度急剧增加，滑移率 S 达到20%时，它会立刻给液压调节器发出指令，减小或停止车轮的制动力，以免造成车轮抱死。

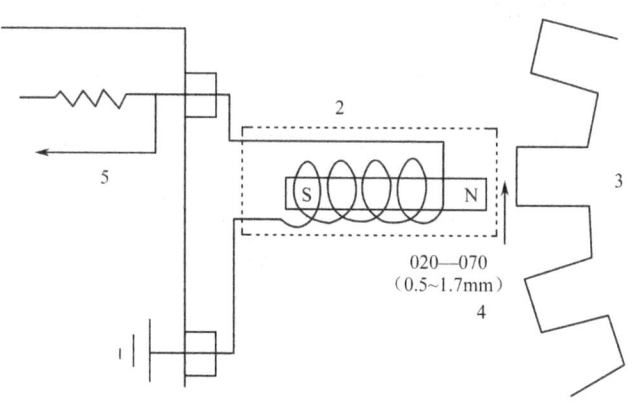

1-电控单元；2-传感头；3-齿圈；4-空气隙；5-车速信号

图 1.2.3　轮速传感器工作原理

传感器引出两根线接入电控单元，这两根线必须是屏蔽线。车轮速度传感器或其线路如果有故障，ABS 电控单元会自动记录故障，点亮故障指示灯，让普通制动系统继续工作。

（1）电磁感应式轮速传感器

电磁感应式轮速传感器安装在自动变速器输出轴附近的壳体上，用于检测自动变速器输出轴的转速。

电子控制单元（ECU）根据轮速传感器的信号计算车速，作为换挡控制的依据。轮速传感器由永久磁铁和电磁感应线圈组成，电控组件根据感应电压脉冲的大小计算汽车的行驶速度。用万用表测导通，阻值是否有电压信号，如图1.2.4、图1.2.5所示。

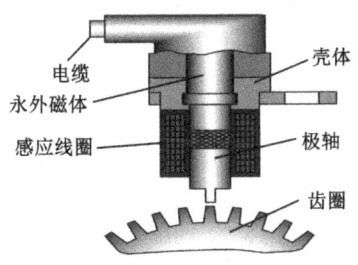

图 1.2.4　电磁感应式轮速传感器

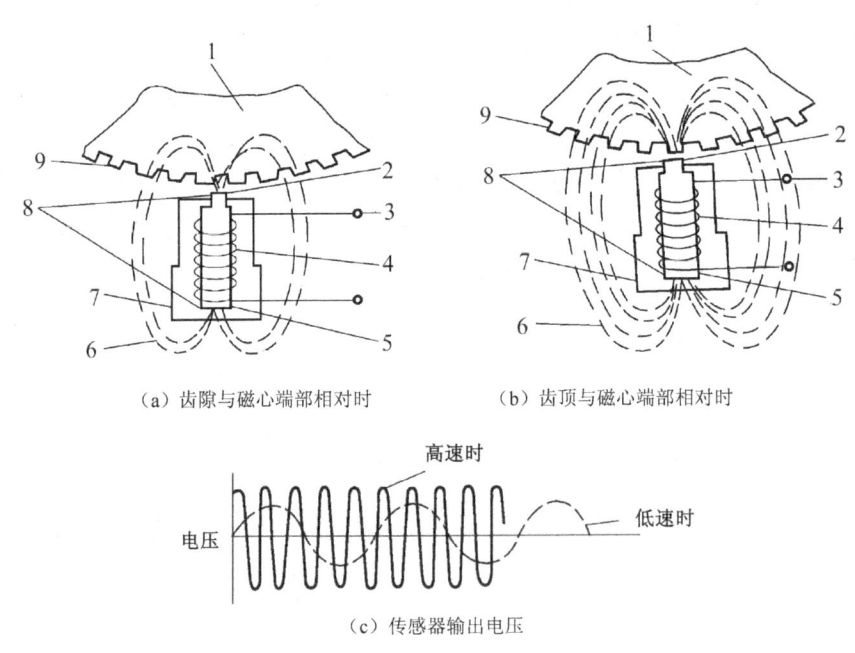

（a）齿隙与磁心端部相对时　　　（b）齿顶与磁心端部相对时

（c）传感器输出电压

1-齿圈；2-磁心端部；3-感应线圈引线；4-感应线圈；5-永久性磁心；
6-磁力线；7-电磁感应式传感器；8-磁极；9-齿圈齿顶

图 1.2.5　电磁感应式轮速传感器的工作原理

电磁感应式轮速传感器优点是结构简单、造价便宜。缺点是：①当车速很低时，传感器输出的电压信号较弱；②当车速很高时，传感器响应频率低，频率响应跟不上；③抗电磁波干扰能力差。

（2）霍尔式轮速传感器

霍尔式轮速传感器利用基础的霍尔式传感器（又称霍尔开关），基于霍尔效应的基本原理。它由一个几乎完全闭合的包含永久磁铁和磁极部分的磁路组成，一个软磁铁叶片转子穿过磁铁和磁极间的空气隙，在叶片转子上的窗口允许磁场不受影响地穿过并到达霍尔式传感器，而没有窗口的部分则中断磁场，因此，叶片转子窗口的作用是开关磁场，使霍尔式传感器像开关一样地打开或关闭，

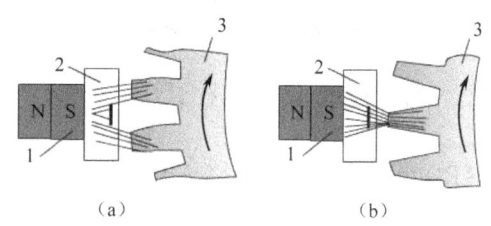

1-磁体；2-霍尔元件；3-齿圈

图 1.2.6 霍尔式传感器的示意图

这就是一些汽车厂商将霍尔式传感器和其他类似电子设备称为霍尔开关的原因。该组件实际上是一个开关设备，而它的关键功能部件是霍尔式传感器，如图 1.2.6 所示。霍尔式轮速传感器就是将霍尔式传感器安装在车轮上，如图 1.2.7 所示是模拟驱动车轮顶起的行驶状态下霍尔式轮速传感器电子线路中的各级波形，也可以将汽车示波测试线加长进行行驶的测试。波形结果显示，当车轮开始转动时，霍尔式传感器开始产生一连串的信号，脉冲的个数将随着车速增加而增加，图 1.2.7 所示是大约 30 英里/小时所记录的，车速传感器的脉冲信号频率将随车速的增加而增加，但位置的占空比在任何速度下保持恒定不变。传感器电压越高，在示波器上的波形脉冲也就越多。确认从一个脉冲到另一个脉冲的幅度、频率和形状是一致的，这就是说幅度够大，通常等于传感器的供电电压，两脉冲间隔一致，形状一致，且与预期相同。确定波形的频率与车速同步，并且占空比无变化，还要观察如下内容：波形的一致性，即检查波形顶部和底部尖角；幅度的一致性，即波形高度应相等，因为给传感器的供电电压是不变的。有些实例表明波形底部或顶部有缺口或不规则。这里关键是波形的稳定性不变，若波形对地电位过高，则说明电阻过大或传感器接地不良。观察由行驶性能问题的产生和故障码出现而诱发的波形异常，这样可以确定与顾客反映的故障或行驶性能故障产生的根本原因直接有关的信号问题。

虽然霍尔式传感器一般设计为能在高至 150℃温度下运行，但它们的工作仍然会受到温度的影响，许多霍尔效应传感器在一定的温度下（冷或热）会失效。如果示波器显示波形不正常，检查被干扰的线或连接不良的线束，检查示波器和连线，并确定有关部件转动是否正常（如输出轴、传感器转轴等）。当示波器显示故障时，摇动线束，这可以进一步判断，以确认霍尔式传感器是否是故障的根本原因。

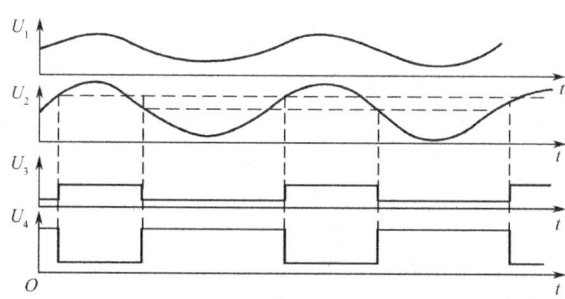

图 1.2.7 霍尔式轮速传感器电子线路中的各级波形

霍尔式轮速传感器的优点：①输出信号电压幅值不受转速影响；②频率响应高，达到20Hz，相当于1000km/h检测到的信号频率；③抗电磁波干扰能力强。

1.2.2 电子控制单元（ECU）

ABS 电子控制单元简称 ABS ECU 或 ECU，是 ABS 的控制核心，其主要功能是接收轮速传感器信号、减速度传感器信号和各种开关信号，根据设定的控制逻辑，通过数学计算和逻辑判断后输出控制指令，控制执行器工作。

ECU 由输入级电路、计算电路、输出级电路和安全保护电路四部分组成，电路结构示意图如图 1.2.8、图 1.2.9 所示。

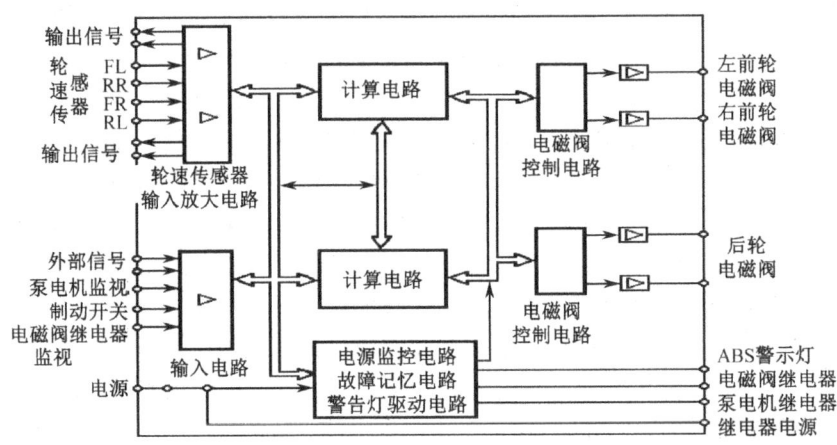

图 1.2.8 ABS ECU 电路框架

（1）输入级电路

输入级电路是由低通滤波器、整形器、放大器等组成的输入放大电路，其功用是对轮速传感器输入的交变信号进行处理，并将模拟信号变成计算机使用的数字信号。

不同的 ABS 中，轮速传感器的数目不同，因而轮速传感器输入信号数目也不同。输入级电路还接收点火开关、制动开关、液位开关等外部信号。输入电路除传送轮速传感器监测信号外，还接收电磁继电器、泵电机继电器等工作电路的监视信号，并将这些信号经处理后送入计算电路。

（2）计算电路

计算电路是 ECU 的核心，主要由微处理器构成，其功用是根据轮速传感器的输入信号，按照软件特定的逻辑程序进行计算、分析、处理，而形成相应的控制指令。

计算电路一般由两个微处理器组成，其主要目的是保证系统安全可靠。有的是由一个控制微处理器和一个安全微处理器组成；而有的是由两个完全相同的微处理器组成，并把两个微处理器的处理结果进行比较，如果两个微处理器的处理结果不一致，则微处理器立即使 ABS 退出工作，防止系统发生故障后导致错误控制。

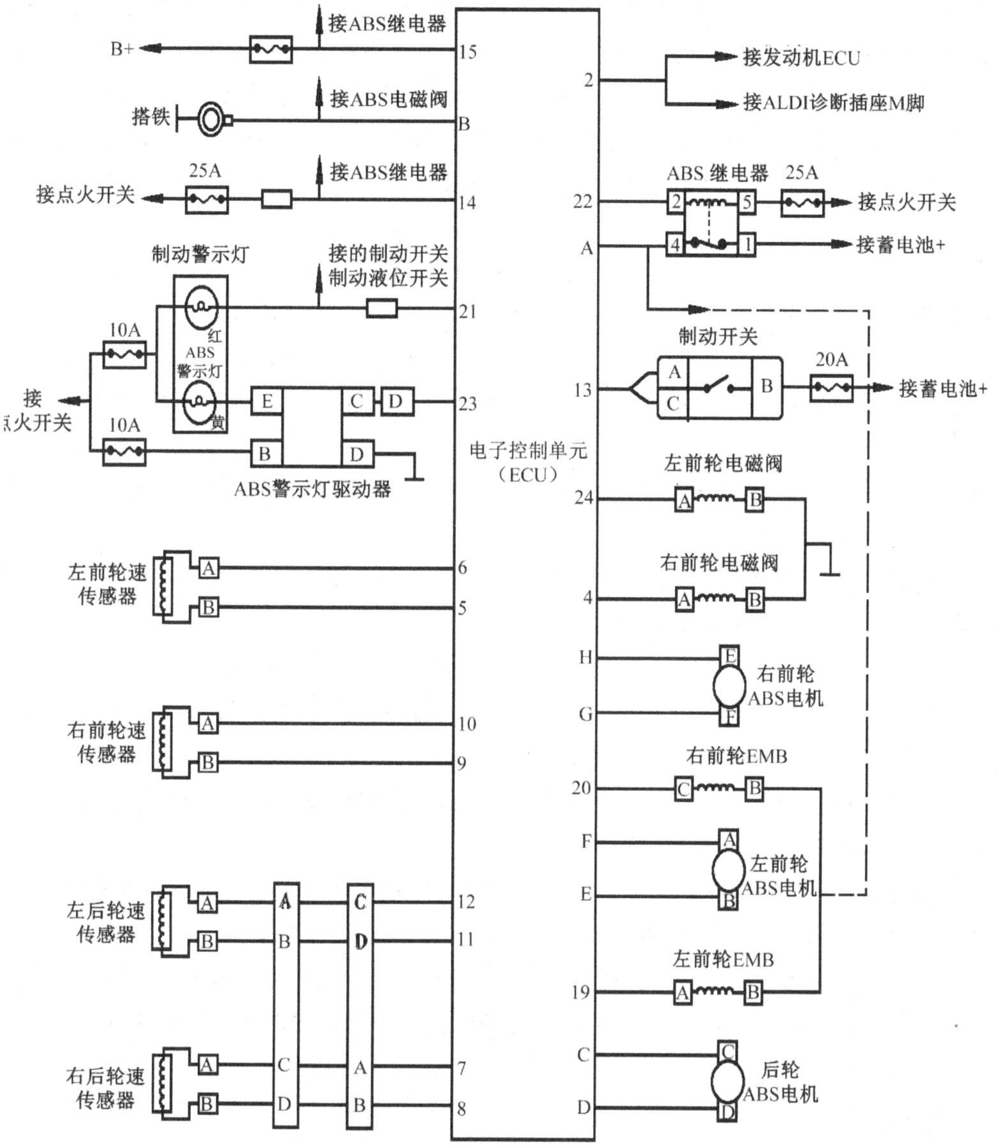

图1.2.9 德尔科 ABS 系统控制电路

（3）输出级电路

输出级电路的主要功能是将计算机电路输出的数字信号转换成模拟信号，通过控制功率放大器，驱动执行器工作。

（4）安全保护电路

安全保护电路是由电源监控、故障记忆、继电器驱动和 ABS 警示灯驱动等电路组成的，该电路接受蓄电池或发电机的 12V 或 24V 电源电压，变成 ECU 内部需要的稳定 5V 电压，由于微处理器具有监测功能，所以该电路能根据微处理器输出的指令，对有关继电器电路、ABS 警示灯电路进行控制。当发现影响 ABS 正常工作的故障时，例如，电源电压过低，轮速传感器信号不正常,以及计算电路、电磁阀控制电路等有故障时,能根据微处理器的指令,切断有关继电器的电源电路,使 ABS 停止工作,恢复常规制动,起到失效保护功能。同时,将仪表板上的 ABS 警示灯点亮,提醒驾驶员 ABS 已出现故障,需要进行修理。

当微处理器监测到 ABS 出现故障时,除了上述动作外,现代 ABS 一般都具有故障记忆功能,能将故障信息存储在存储器内,以便在进行自诊断时,将存储的故障信息调出,供维修时使用。

自检的过程如下:打开点火开关,12V 电压触发 ECU 端子 14 进入自检,同时 ABS 警示灯经 ECU 端子 23 搭铁点亮。若自检过程中 ABS 有故障,ECU 将使 ABS 警示灯保持常亮的同时关闭 ABS。若自检过程中 ABS 无故障,ECU 将使 ABS 警示灯亮 3~5 秒后熄灭,同时其端子 22 搭铁,ABS 继电器线圈通电触点闭合,ECU 端子 A 获取电压信号启动 ABS 等待工作。

踏下制动踏板,开关闭合,ECU 端子 13 获取电压信号判定汽车已进入制动状态。与此同时,ECU 端子 21 搭铁,点亮制动警示灯。

车轮滑移率小于 20%,调节器中的电磁阀、单向阀均打开,电动机轴被制动。制动液从制动总泵经各压力调节器进入制动分泵——常规制动。

右前轮车轮滑移率达到 20%,ECU 端子 4 输出电压,电磁阀通电关闭;ECU 端子 20 搭铁,使电磁制动器线圈通电解除制动;ECU 端子 G 输出电压,端子 H 搭铁,电动机通电旋转驱动活塞下移,缸内容积增大,制动液回流——减压。

需要保持制动压力时, ECU 端子 G 搭铁,电动机断电停转,电磁制动器线圈断电,电动机制动。活塞在缸内位置不再变化——保压。

需要增大制动压力时, ECU 端子 G 搭铁,端子 H 输出电压,电动机通电改变旋转方向,驱动活塞上移,缸内容积减小制动分泵压力增大——增压。

ABS 工作时,后轮制动压力调节器仅靠一个电动机正、反向通电旋转,同时驱动两个活塞在各自的调压缸中上、下移动或停止,改变调压缸的容积,对两个后轮的增压、减压、保压工作循环进行控制。

1.2.3 执行元件

输出执行元件主要有:故障指示灯、电动机、电磁阀。

1. 故障指示灯

ABS 系统带有两个故障指示灯,一个是红色制动故障指示灯,另一个是黄色 ABS 故障指示灯,如图 1.2.10 所示。

当点火开关打开时,红色制动灯与黄色 ABS 灯几乎同时亮,制动灯亮的时间较短,ABS 灯亮的时间较长(约 3s),启动汽车发动机后,蓄压器要建压,此时两灯泡会再亮一次,时间可达十几秒甚至几十秒。红色制动灯在停车驻车时也应亮。如果在上述情况下灯不亮,就说明故障指示灯或线路有故障。

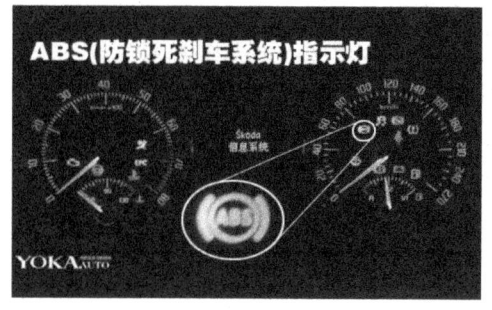

图 1.2.10　制动故障指示灯和 ABS 故障指示灯

黄色 ABS 故障指示灯常亮,说明电控单元发现 ABS 系统中有问题,要及时检修。

2．制动压力调节器

液压调节器的作用是按照电控单元发出的控制指令,打开或者关闭防抱死制动系统的制动液通道,完成对各个车轮中制动压力的控制。

ABS 电动机、电磁阀组成的总成,合称液压调节装置,如图 1.2.11 所示。

图 1.2.11　ABS 液压调节装置

（1）电动机

ABS 泵电动机是一个高压泵,它可以在短时间内将制动液加压到 14～18MPa,并给整个液压系统提供高压制动液体。ABS 总泵结构示意图如图 1.2.12 所示。

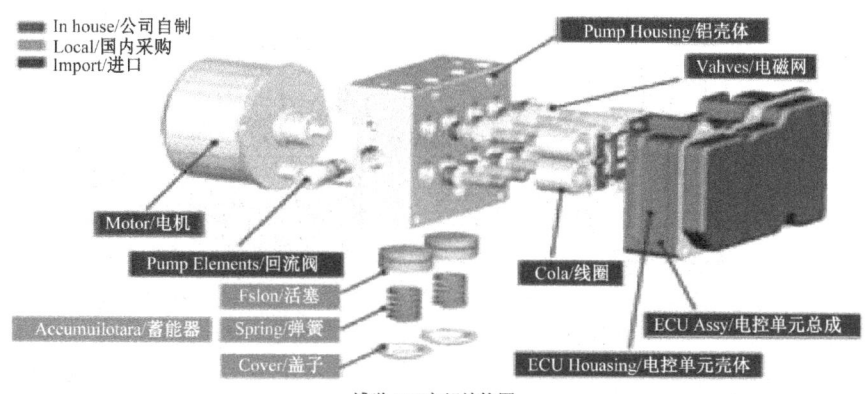

博世ABS内部结构图

图 1.2.12　ABS 总泵

（3）电磁阀

ABS 电磁阀分为三位电磁阀和两位电磁阀。

①三位电磁阀

三位电磁阀因为可以有三个工作状态，博世公司的很多 ABS 中使用了三位电磁阀，如图 1.2.13 所示。当给电磁线圈通电时，在电磁线圈中心产生磁场，磁场强度与线圈匝数和通电电流之积成正比，若线圈带有铁芯，铁芯就会变成磁力很强的磁铁，产生吸引。电磁阀就是根据这个原理制成的，它由电磁线圈、固定铁芯和可动铁芯组成。

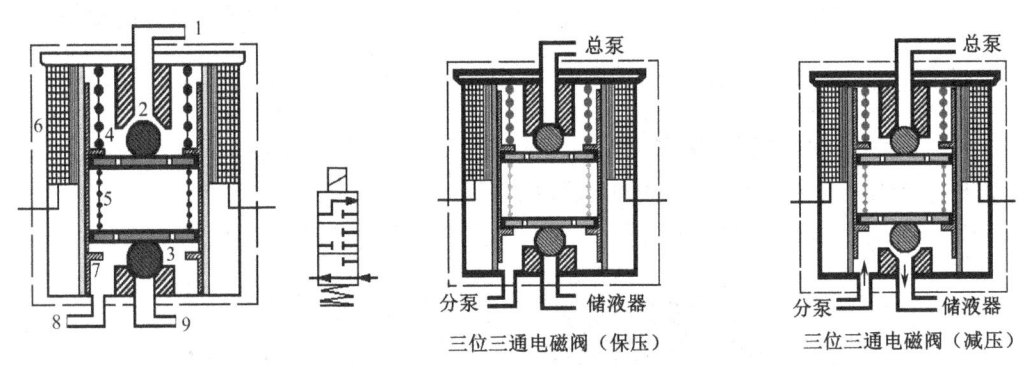

图 1.2.13　三位三通电磁阀结构图

②两位电磁阀

两位电磁阀有两种位置，它把柱塞控制在两个位置，改变制动液通路的导通和断开，如果球阀在电磁线圈未通电时处于开启状态，则称为两位两通常开电磁阀；如果电磁线圈未通电时，球阀处于关闭状态，则称为常闭电磁阀。两位两通电磁阀结构图如图 1.2.14 所示。

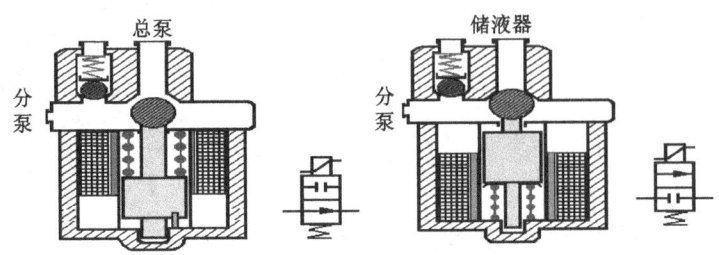

图 1.2.14　两位两通电磁阀结构及表示符号

1.2.4 典型ABS液压调节装置工作过程

ABS系统典型的制动液压调节装置分为循环式和可变容积式。其中,循环式又分为三位电磁阀和两位电磁阀循环式。

1. 三位电磁阀循环式调节装置

这种形式是在汽车原有的制动管路中串联电磁阀,直接控制压力增减。

工作过程:电磁阀线圈未通电时,在主弹簧张力作用下,进液阀打开,回液阀关闭,进液口与出液口保持畅通——增压。增压过程如图1.2.15所示。

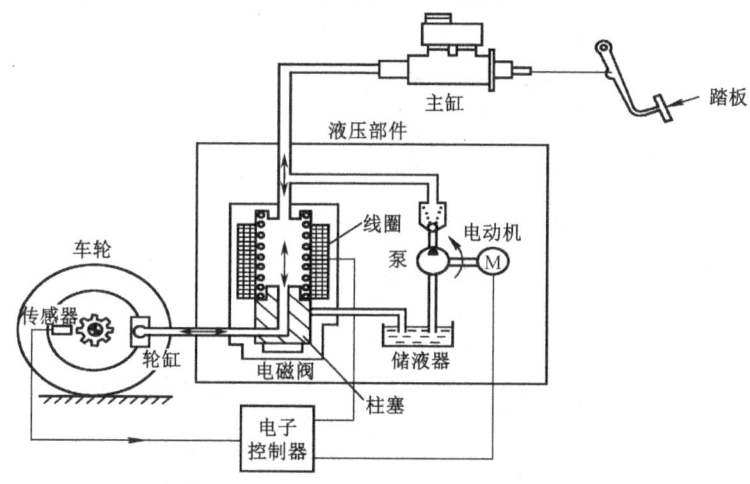

图1.2.15 制动压力调节原理(压力增大)

电磁阀线圈通入较小电流(2A)时,产生的电磁吸力小,吸动衔铁上移量小,但能适当压缩主弹簧,使进液阀关闭,放松副弹簧,回液阀并不打开——保压。保压过程如图1.2.16所示。

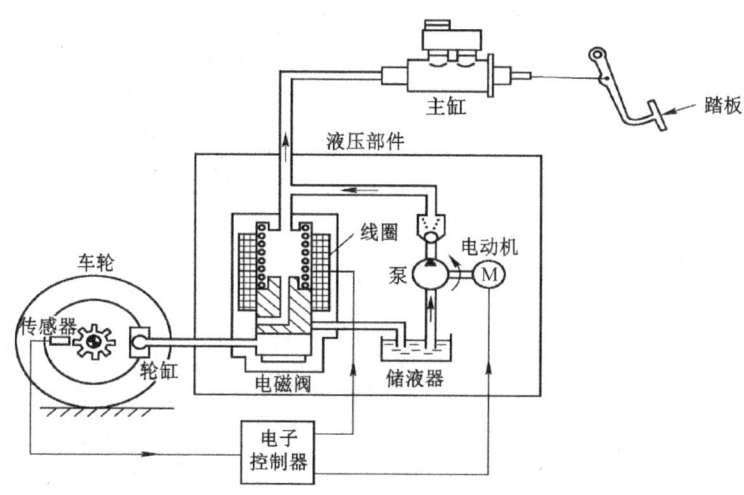

图1.2.16 制动压力调节原理(压力保持)

电磁阀线圈通入较大电流（5A）时，产生的电磁吸力大，吸动衔铁上移量大，同时压缩主、副弹簧，使进液阀仍保持关闭，回液阀打开——减压。减压过程图1.2.17所示。

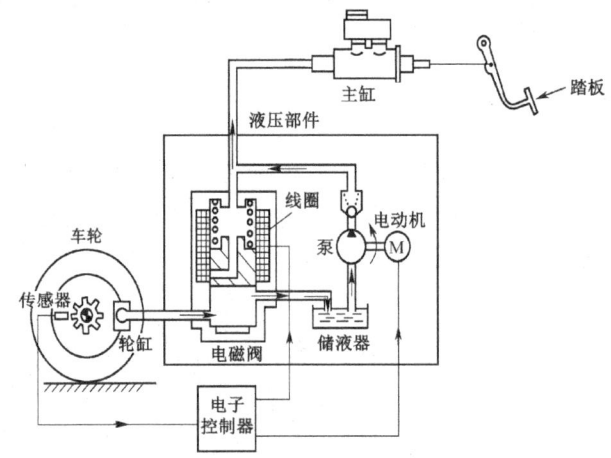

图1.2.17　制动压力调节原理（压力减小）

三通道和四通道的富康和奥迪轿车的整车ABS液压控制系统如图1.2.18、图1.2.19所示。

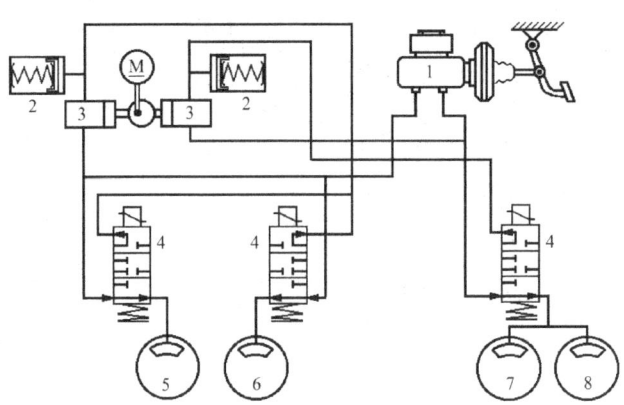

图1.2.18　富康轿车ABS液压控制系统

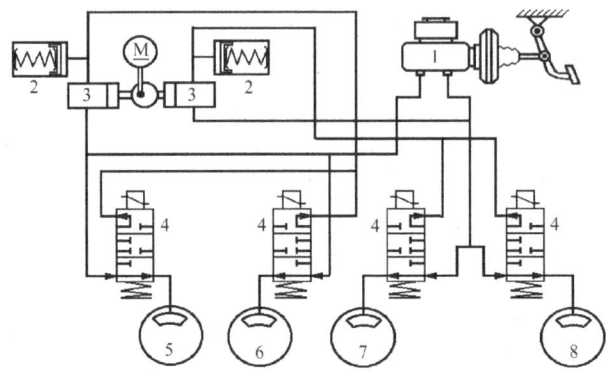

图1.2.19　奥迪轿车ABS液压控制系统

2. 可变容积式的调节器

可变容积式的调节器是在汽车原有的制动管路上增加一套液压装置，用它控制制动管路容积的增减，以控制制动压力的大小。可变容积式调节器主要由电磁阀、动力活塞、液压泵、储能器等组成，如图1.2.20所示，下面就其工作原理进行说明。

可变容积式的调节器的特点是：

① 在汽车原有制动系统管路中增加一套液压控制装置，用于改变制动管路容积，实现增压—减压—保压的循环调节。

② 这种制动压力调节系统的控制液压油路和ABS控制的制动液油路是相互隔开的。

可变容积式制动压力调节器的工作原理如下。

（1）普通制动模式

电磁线圈中无电流通过，电磁阀将活塞工作腔与储液器接通，活塞被弹簧推向最左端顶开单向阀，使制动主缸和轮缸接通，制动主缸的制动液直接进入制动轮缸，轮缸压力随主缸压力的增减而增减。这种状态是ABS不参加工作时的常规制动工况，如图1.2.20所示。

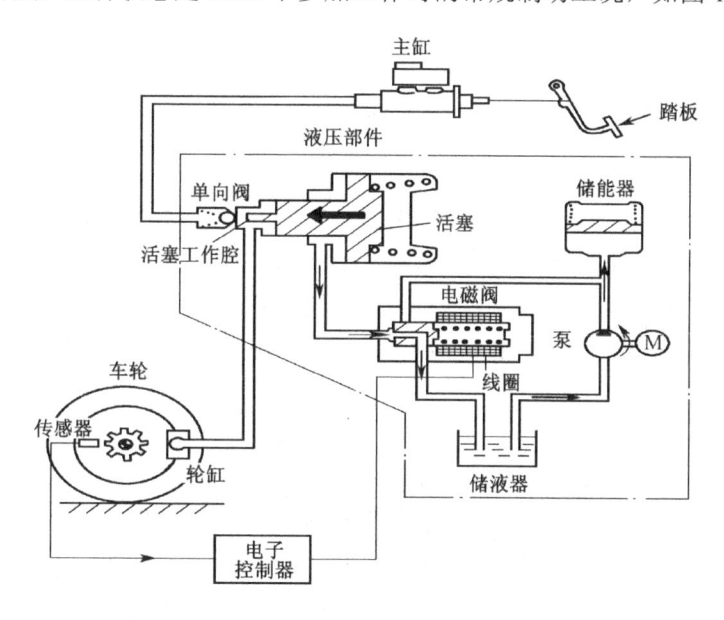

图1.2.20 普通可变容积式ABS结构

（2）防抱死制动减压模式

ECU给电磁线圈通入最大电流，电磁阀在磁力作用下克服弹簧弹力移至最右端，将蓄能器与活塞工作腔接通，连通储液器的管路关闭，电动液泵工作，来自蓄压器或油泵的高压制动液进入活塞工作腔推动活塞向右移动，止动阀关闭来自制动主缸的管路，同时随着控制活塞的右移，制动轮缸一侧的容积增大，制动压力减少，如图1.2.21所示。

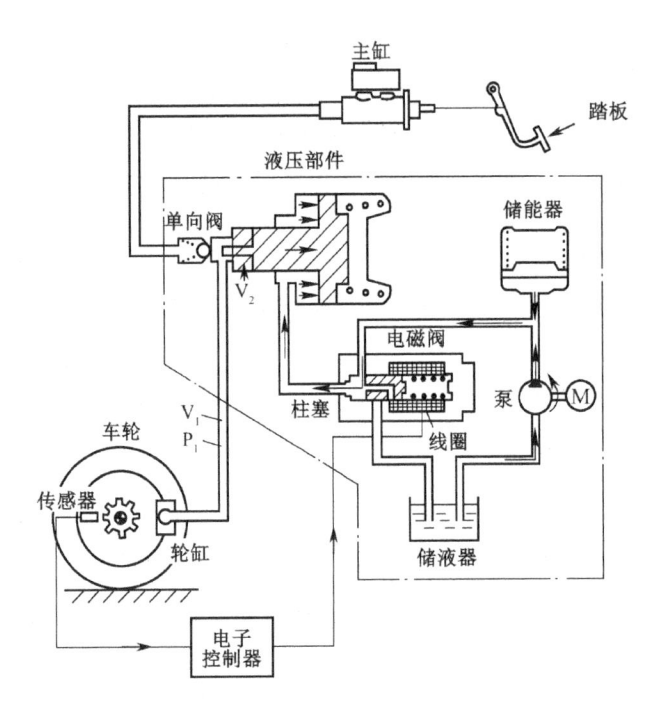

图 1.2.21　减压可变容积式 ABS 结构

（3）防抱死制动保持模式

ECU 给电磁线圈通入较小电流，电磁线圈的磁力减小，使电磁阀处于中间位置，将通向蓄能器、控制活塞工作腔和储液器的管路全部关闭，控制活塞工作腔内的压力不再变化，控制活塞在工作腔油压和弹簧作用下保持一定位置，来自制动主缸管路的单向阀处于关闭状态，制动缸一侧的容积不发生变化，制动压力保持不变，如图 1.2.22 所示。

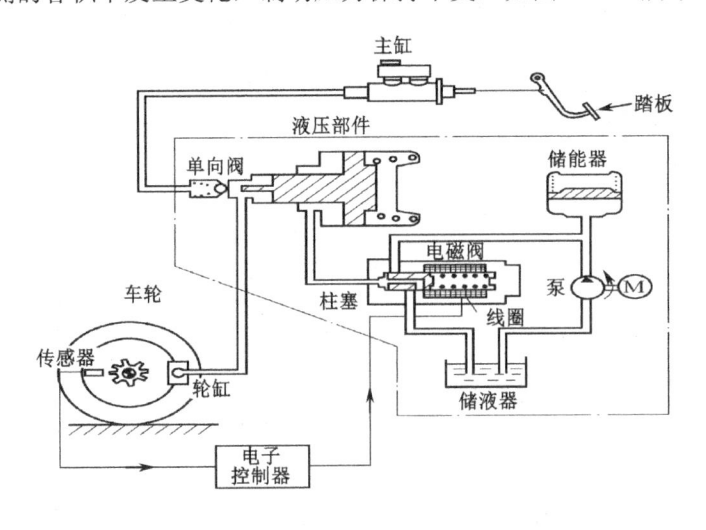

图 1.2.22　保持可变容积式 ABS 结构

（4）防抱死制动增压模式

ABS ECU 切断通向电磁线圈的电流，电磁阀恢复到普通制动模式时的位置，控制活塞工作腔的制动液流回储液室，控制活塞也回到初始位置顶开单向阀，使来自制动主缸的制动液直接进入轮缸，以增大制动压力，如图 1.2.23 所示。

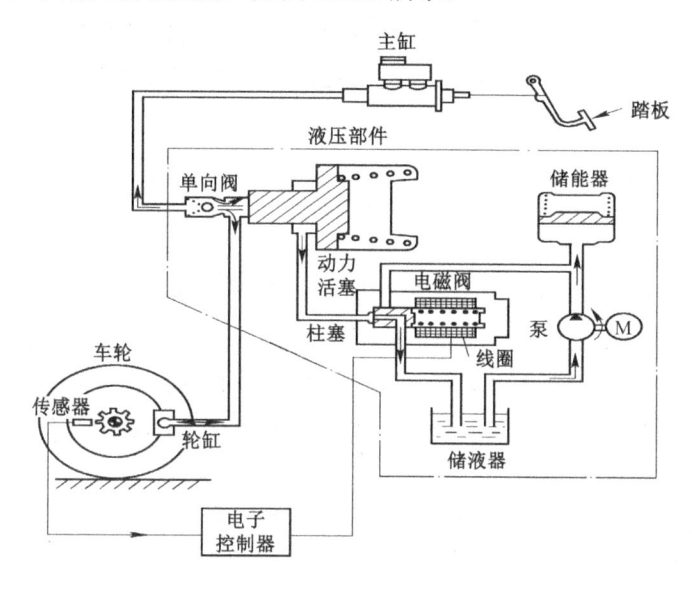

图 1.2.23　增压可变容积式 ABS 结构

1.3　汽车 ABS 维护和保养

【情境导入】

某品牌汽车 4S 店接收了一辆车，该车以前一脚刹车踩不到底，但是最近一脚刹车就能踩到底，刹车软。

经过技师的检查发现制动系统中进入空气，该车需要排气。但是该车装有 ABS 系统，请问和常规制动系统排气方式一样吗？

【理论引导】

1. ABS 的特点

各汽车制造厂商往往依据各种车的动力性能、价格等特点，装配不同型号的 ABS 装置。从日常维护的角度看，ABS 装置有以下四个特点：

（1）因为 ABS 装置以每秒 70～80 次的高速工作（减压、稳压、增压的反复变动），故保证制动液的吸湿率比安装 ABS 装置本身还重要；

（2）ABS 装置不工作（没有损坏）时为普通制动，此种情况下，制动液的更换、空气的排除与没有安装 ABS 的车是一样的；

(3) 电子控制系统的零件很少，如果再配上自诊断系统，进行故障诊断就更容易实现；

(4) ABS 装置在车速高于 10km/h 的制动中，车轮出现超过标准滑移率的情况下才起作用，其他情况下不起作用。这个转换会造成驾驶员的不适应感。因此，在规定以下的车速运行时，以驾驶员的驾驶技能作为必要的补偿，是配有 ABS 装置的汽车实现安全运输的基本条件。

2．ABS 系统的维护要点

（1）制动液

ABS 装置工作时，制动系统产生的摩擦热比未安装 ABS 装置的车要高，制动液的恶化变质也出现得早，如果在制动液变质的情况下继续使用，将会使主缸、轮缸、油压控制器等产生损伤，吸湿率增加，使制动力下降。因此，要对装有 ABS 装置车辆的制动液从严管理，遵守各汽车制造厂推荐的更换周期。另外还要根据使用条件，在必要时提前进行更换。

① 制动液必备的五点性能

a. 沸点不低于 260℃。这是为了不使制动效率变差，确保制动系统不发生气阻所必须的。

b. 低温下能确保工作可靠。制动液绝对不允许出现冻结现象。

c. 不伤害橡胶及金属零件。

d. 在长期保存及使用中，遇冷却、加热时化学变化小。

e. 吸湿沸点高。吸湿沸点是相对于干沸点（含水率为 0）而定的含水率为 3.5%时的沸点。

没有安装 ABS 装置的车辆在紧急制动时会抱死车轮，安装 ABS 装置后，可使汽车在紧急制动时车轮不会被抱死从而防止出现侧滑，因此制动系统产生的热量较高。适合于 ABS 选用的是吸湿沸点较高的制动液。如果使用低沸点的制动液，会因为容易产生气阻而使汽车处于非常危险的状态。

② 制动液的更换周期

制动液的更换一般在车辆检测维修时进行，有的车厂推荐一年（或其他周期）更换一次，这样的要求是依据行业现状而定的。最为理想的状况应当是定期测定制动液的吸湿率，如果超过标准就应更换。制动液的吸湿率可以用万用表通过测定制动液的导电性来判定（吸湿率增大，导电性也增大）。决定制动液更换周期的依据，是各汽车厂商实行的制动液吸湿率变化资料，更换时间大多数定在吸湿率将达到 3%左右时。实际上因各车的使用条件不同，制动液的吸湿率有很大的差异。有必要建立一套标准的管理制度，定期用万用表来测定制动液的吸湿率，需要时就更换（有的车会提前到一年以内就需要更换）。现在，安装 ABS 装置的汽车越来越多，为了更好地发挥汽车的机动性能，实现安全运输，有必要普及有关制动液的基本知识。

（2）空气排除

若 ABS 装置（结构性能良好）没有参加工作，与普通制动系统基本相同，其制动液的更换与空气的排除也是按照与普通制动系统相同的程序进行的。应当注意的是，在排除空气的过程中，要使控制器做适当的运动，以把其内的空气排出。为此要比普通制动系统多费一点时间。在作业中必须特别注意使储液器中的制动液液面保持在 Min 与 Max 之间，液面低时应及时补充。

3．ABS 装置故障类型

（1）制动过程中 ABS 装置工作，车轮抱死。

（2）在 ABS 规定起作用以外的低速行驶中制动时，ABS 装置工作，在制动踏板上有振动感。

（3）ABS 报警灯亮的其他各种症状。作为维修程序，要先依据 ABS 装置发生的不正常现象进行判别。拔开调节器接头或继电器，在 ABS 装置不工作时，如果症状消失，则是 ABS 装置有故障；如果症状没有变化，则可断定为普通制动系统有故障。对于配有自诊断系统的 ABS 装置，要充分利用这一功能来进行电子控制系统的故障诊断。对于各车型的具体诊断过程，要参照各汽车制造厂的维修手册来进行。

1.4 汽车 ABS 的检修

【情境导入】

一辆 2007 年生产的上海大众 POLO 劲取 1.4 L 自动挡轿车，行驶里程 3.2 万千米，用户反映 ABS 报警灯常亮。用户描述故障发生的情形是：3 个月前行驶里程为 2.5 万千米时，ABS 灯曾点亮过，更换了右前轮轮速传感器后，ABS 灯熄灭。如此正常行驶了一段时间，近来 ABS 灯又亮了。用户要求彻底解决此问题。

【理论引导】

1.4.1 ABS 故障诊断和检测的一般方法及步骤

故障诊断和检查是维修过程中非常重要的一个环节。对于 ABS 来说，不同车型，甚至同一系列不同年代生产的车型，装配的 ABS 型号也可能不同。因而故障诊断和检查方法以及程序都可能有所不同，但都可采用以下方法和步骤。

1．直观检查

直观检查就是在 ABS 出现故障或感觉系统工作不正常时采用的初步目测检查方法。具体检查内容如下：

（1）检查手动制动是否完全释放；

（2）制动液是否泄漏，制动液面是否在规定的范围内；

（3）检查所有的 ABS 熔断器、继电器是否完好，插接是否牢靠；

（4）检查 ABS ECU 连接器（插头和插座）连接是否良好；

（5）检查有关器件（轮速传感器、电磁阀体、电动泵、压力警示开关和压力控制开关等）的连接器和导线是否连接良好；

（6）检查 ABS ECU、压力调节器等的接地线是否接触可靠；

（7）检查蓄电池电压是否在规定范围内，正负极桩的导线是否连接可靠。

2．读取故障码

ABS 一般都具有故障自诊断功能，电子控制单元工作时能对自身和系统中有关电器元件进行测试。如果电子控制器发现系统中存在故障，一方面 ABS 警示灯点亮，中断 ABS 工作，恢复常规制动系统；另一方面会将故障信息以代码形式存入储存器中，然后检修时由检修人员将故障代码调出，以便了解故障情况。

注意：在检测 ABS 时，必须首先查询故障存储中的故障信息。

（1）借助专用诊断测试仪读取故障码

将专用诊断测试仪与 ABS 故障诊断通信接口相连，按照一定的操作规程通过与 ABS ECU 双向通信，从检测仪的显示器或指示灯上显示故障代码。

（2）利用汽车仪表盘上的信息显示系统读取故障代码

有的汽车仪表盘上具有驾驶员信息系统，即中心计算机。自检操作程序可以在信息显示屏上显示 ABS 的故障代码或故障信息。

3．快速检查

快速检查一般是在自诊断基础上进行的，它是利用专用仪器或万用表等，对系统的电路和元器件进行连续测试，以查找故障。

根据故障代码，多数情况下只能了解故障的大致范围和基本情况，有的还没自诊断功能，不能读取故障码。为了进一步查清故障，经常采用一些仪器或万用表等，对 ABS 的电路和元器件，特别是怀疑可能有故障部位的电参数（如电阻、电压、波形）进行深入测试，然后根据测试仪，可以得到快速满意的结果。

常用的快速检查方法：利用 ABS 诊断测试仪进行测试；直接使用万用表进行测试。

4．利用故障指示灯

通过上述方法，一般都能准确地诊断出故障部位及性质。

通常情况下，在点火开关接通 ON 时，黄色 ABS 警示灯应闪亮。此时，如果制动液不足，红色制动灯也会亮起，蓄压器压力低于规定值、手制动未释放时，红色制动灯也会点亮；当蓄能器压力、制动液面符合规定且手制动完全释放时，红色警报灯应该熄灭。在发动机启动的瞬间，ABS 警示灯和红色制动灯一般都应点亮，一旦发动机运转起来，两个警示灯应先后熄灭。汽车行驶过程中两个警示灯都不应闪亮。若情况如上所述，一般可以说明 ABS 处于正常状态，否则说明 ABS 有故障或液压系统不正常。

1.4.2　ABS 零部件的检修

1．轮速传感器的检修方法

（1）拔下传感器导线插头。
（2）拧下固定传感器的内六角紧固螺栓。
（3）拆下轮速传感器。
（4）用万用表电阻挡测轮速传感器的电阻值，正常应为 0.9～5kΩ。如不符合标准则更换。
（5）清洁传感器的安装孔内表面。
（6）清洁传感器端头，涂上润滑脂，然后装入安装孔。
（7）拧紧内六角紧固螺栓，拧紧力矩为 10N·m。
（8）插上导线插头。

2．齿圈的检修

（1）用 200mm 的拉力器的两个活动臂先钩住轴承壳的两边，拆下带齿圈的轮毂。
（2）在轮毂要压出的中心放一块专用压块。
（3）转动拉力器螺母，使拉力器头顶住专用栓压块，将前轮毂连同齿圈一起顶出。
（4）拆下齿圈的十字槽固定螺栓。

3．检查

（1）将轮子高升离地，用双手转动轮子感觉轮子摆动是否异常。
（2）若轴向游隙过大，则要检查齿圈的轴向摆差。标准值为轴向摆差＜0.3mm。
（3）若车轮轴承损坏或轴向间隙过大，则更换齿圈。
（4）若齿圈完好无损，但被泥土或脏物堵塞，应清除齿圈间隙中脏物。

4．ABS 系统泄压

在修理液压控制装置前要按一般方法泄压，如果要求用专用仪器和工具进行泄压时，维修手册会有说明。

一般 ABS 的泄压方法是将点火开关关闭，然后反复踩踏制动踏板，踩踏的次数至少在 20 次以上，当感觉踩踏板的力明显增加，即感觉不到踏板的液压力时，ABS 系统泄压完成。有的 ABS 系统在泄压过程中需踩踏的次数较多，有的甚至需要 40 次以上。

通常修理以下部件时需要泄压：液压控制单元中任何一个，如蓄压器、电动泵、电磁阀、制动液油箱、压力警告和控制开关、后轮分配比例阀和后轮制动分泵、前轮制动分泵以及高压制动管路。

除了泄压以外，有的 ABS 系统还要求进行规定的操作，以防修理液压总成时出现伤害人员的情况。

5．ABS 系统制动液及制动液的更换

通常，当 ABS 系统工作时，要以 10～20 次/秒的工作频率在减压、保压、增压之间切换，因此，系统对制动液的要求比普通制动系统高。概括来说，有以下几点。

- 为保证制动时不产生气阻，制动液的沸点要高（不低于 260 度）。
- 为确保 ABS 系统在减压、保压和增压状态间循环有足够的反应速度，制动液的粘度要低。
- 对金属和橡胶等制品无腐蚀。
- 在各种工作条件下性能稳定。

制动液在吸湿率为 3.5%时的吸湿沸点同样要高，由于采用乙二醇为基液的 DOT3 和 DOT4，因此制动液是一种吸湿性较强的液体，一年的吸湿率可达 3%。使用条件和环境不同，吸湿率会有所不同。一旦制动液含水分，其沸点便会降低，从而引起气阻，制动的可靠性下降。同时，制动液含水分后，其腐蚀性增加。所以，当制动液使用两年后，在自然吸湿过程中吸湿率将达到 3%，为确保制动可靠性，应更换制动液。ABS 系统中所出现的气体是非常有害的，它可能破坏系统对制动压力的正常调节，严重时可导致 ABS 失去作用，当修理过程中对制动系统进行分解后，或制动踏板发软、变低，制动效果变差时，需要对 ABS 系统排气。带 ABS 的制动系统排气比普通制动系统要复杂，通常需要借助诊断仪器。

1.4.3 ABS 常见故障

1．ABS 警告灯间歇性亮起，加速时则 ABS 警告灯熄灭

（1）可能原因

当同时使用多个车辆电器使电瓶电压下降至低于 10.5V 时，而引擎转速上升、电压上升，则 ABS 指示灯熄灭。ABS 的系统电源供应电压太低，如线头接触不足或搭铁不良。

（2）处理方法

① 检查电瓶比重；
② 检查充电系统；
③ 检查电源供应（如电压继电器或电源接触不良）；
④ 充电系统电压低于 10.5V，ABS 系统即关闭系统，所以 ABS 指示灯亮起。

2．引擎启动后 ABS 或 ABS/ASR 警告灯一直亮着直到引擎关闭才熄灭

（1）可能原因

① ABS 或 ABS/ASR 油压阀体搭铁线路接触不良；
② ABS 或 ABS/ASR 油压阀体电线接头接触不良；
③ ABS 或 ABS/ASR 计算机故障。

（2）处理方法

① 松开油压阀体搭铁固定螺丝，再旋紧固定螺丝，必要时清洁接触面；

② 检查插头是否间隙变大；

③ 更换 ABS 或 ABS/ASR 计算机。

3. ABS 警告灯高速行驶亮起

（1）可能原因

① 汽车在高速行驶中，ABS 计算机计算车速信号，发现后轮速度与前轮速度差别太大；

② 可能轮胎规格不正确或钢圈规格不正确。

（2）处理方法

参考车辆轮胎规格及钢圈规格，参考油箱盖旁的贴铁。

本节开头描述的故障检查分析过程如下。

检查分析：新 POLO 轿车配备 Bosch 8.0 版本的 ABS 系统。连接 VAS5052 故障诊断仪，进入 ABS 控制单元 J104 查询故障存储，发现一个故障码：00285 035——右前轮轮速传感器 G45 信号不可靠。记录故障码后，清除故障记忆，ABS 报警灯熄灭。接上 VAS5052 进行路试，读出测量值 001 组中四个车轮的轮速。开始时，四个车轮的轮速一致上升，但达到 35 km/h 时，右前轮轮速突然由 35 km/h 下降到 25 km/h，ABS 灯随即亮起。故障码为右前轮轮速传感器 G45 信号不可靠。

右前轮轮速传感器刚换过不久，难道是 G45 的线束有问题？拔下 J104 的插接器，测量 G45 插接器的两个端子与 J104 插接器线束侧相应端子 T38/6、T38/18 的导线，导通正常。怀疑 ABS 控制单元接口电路中对应右前轮轮速传感器 G45 的内部线路焊点虚焊（有过类似的情况），导致右前轮轮速信号不良。因该车尚在保修索赔期内，于是换了一个新的 ABS 控制单元。对控制单元写入编码 199，并完成制动管路的放气作业，启动发动机，ABS 灯熄灭。路试行驶不到 100 m，车速为 35 km/h 时，ABS 灯再度点亮，故障码仍为 G45 信号不可靠。行驶中观察测量值 001 组 2 区右前轮轮速信号，在 35 km/h 时还是突然下滑到 25 km/h，由此可见是 G45 的信号不正常，与其他部分无关。

车轮轮速传感器为了能向 ABS 控制单元输出正常的轮速信号，要可靠地感应车轮磁环附近的磁场变化。假如磁场不稳定，轮速传感器就不能正常工作，所以应该检查轮速传感器与磁环的间隙。POLO 轿车前轮磁环集成在前轮轴承内，拆下右前转向节，发现前轮轴承已由正常位置向外位移了约 2 mm（见图 1.4.1）。由于右前轮轮速传感器 G45 与磁环的间隙过大，传感器输出信号失真，ABS 控制单元处理该信号后得到错误的数据，所以点亮了 ABS 报警灯。

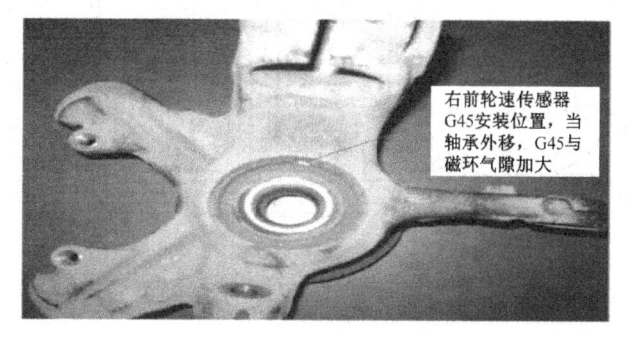

图 1.4.1 POLO 轿车前轮轴承

【任务实施】

任务工单

任务名称	汽车 ABS 系统	实训设备	汽车 ABS 示教板
任务目标	1. 能描述 ABS 系统结构。 2. 能叙述液压循环式制动压力调节器 ABS 的工作原理。 3. 能叙述可变容积式制动压力调节器 ABS 的工作原理。 4. 能用诊断电脑读取 ABS 系统故障码并进行故障诊断。 5. 通过分组活动，培养团队协作能力。			
知识准备	1. ABS 是 Anti-lock Brake System 的缩写，即_____。 2. 制动过程中汽车车轮的三种状态是_____、_____和_____。 3. ABS 系统滑移率的计算公式是_____。 4. 轮速传感器按其结构不同可分为_____和_____。 5. ABS 系统优点有哪些？ 6. 自述 ABS 系统的分类。 7. 参照下图，叙述 ABS 系统工作原理。 <p align="center">制动压力调节原理（压力增大）</p>			

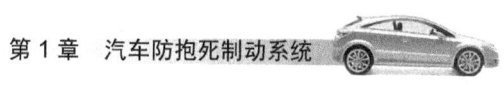

知识准备	（1）升压过程： （2）保压过程： （3）减压过程： 8．ABS系统如果存在空气会造成什么后果？ABS系统如何排气？ 9．在ABS检修过程中，修理哪些部件需要泄压？泄压的一般办法是什么？
任务计划	根据任务要求，确定所需要的检测仪器、工具，并对小组成员进行合理分工，制定拆装计划。 1．需要的检测仪器、工具和设备。 2．小组成员分工。
任务实施	分组实车操作：认识ABS系统的组成以及工作过程。 1．实验车辆信息或实验台架信息。 2．轮速传感器类型_____，安装位置_____。 3．ABS系统总成安装位置_____。 4．实验及拆装中遇到的问题及解决方法。

任务实施	5. 利用诊断电脑进行 ABS 系统故障码的读取（写明步骤）。 故障码： 操作步骤： 6. 根据维修手册对故障进行排除（写出流程）。
检查评估	1. 填空题 （1）目前用于 ABS 的轮速传感器主要有_____和_____两种类型。 （2）电子控制防抱死制动系统按车轮控制方式可分为_____和_____两种。 （3）ABS ECU 由_____、_____、_____、_____四个基本电路组成。 2. 简答题 （1）电子控制防抱死制动系统 ABS 有哪些特点？ （2）常见的电子防抱死制动系统有哪些类型？ （3）三位三通电磁阀的结构和工作原理？ （4）使比较电磁式轮速传感器和霍尔式轮速传感器各有什么特点？ （5）对 ABS 制动液的要求有哪些？ （6）ABS 有哪些检修方法？其步骤是什么？
任务拓展	以你熟知的某款轿车为例，观察该辆车的防抱死制动系统，熟练地指出该车 ABS 系统的组成和各部件的具体安装位置。

第 2 章

汽车电控驱动防滑系统

【本章学习目标】

掌握常用检测仪器和检测设备的使用方法。
能够按照常规的检测方法和检测步骤进行正确操作。
通过规范文明操作,培养良好的职业道德和安全环保意识。

【项目描述】

有经验的驾驶员都有这样的体会,当驾驶汽车在低附着系数的路面(雨雪路面或泥泞路面)上快速起步或加速行驶时,驱动轮会发生滑转(俗称车轮"打滑"),这种现象是什么原因造成的呢?

在前面我们学习了制动过程,在制动过程中制动力与最大附着力不匹配,会造成车轮抱死拖滑,我们通过 ABS 解决车轮在制动过程中的抱死拖滑。那么,在驱动过程中,驱动力与最大附着力不匹配,也会造成车轮滑转,这就是车轮的打滑空转,这时就需要 ASR 来解决这个问题,那么 ASR 是如何工作的呢?

2.1 汽车 ASR 概述

【情境导入】

奔驰 S600 轿车 ASR 故障灯亮且加速无力,怠速过高。
根据上述案例,请思考下列问题:
(1) ASR 系统有何功能?
(2) 可能引起上述故障的原因有哪些?

【理论引导】

2.1.1 基本功能

随着对汽车性能要求的提高,不仅要求在制动过程中防止车轮抱死,而且也要求防止在驱动过程(起步、急加速)中,特别是大马力的汽车在非对称路面或者转弯时驱动轮滑转,以提高汽车在驱动过程中的方向稳定性、转向控制能力和加速性能。因此,现代汽车采用了电控驱动防滑系统（Acceleration Slip Regulation，ASR）。由于驱动防滑系统是通过调节驱动车轮的牵引力实现对驱动车轮滑转的控制，因此也称为牵引力控制系统（Traction Control System，TCS）。

ASR 和 ABS 都用于控制车轮"打滑"，但 ABS 是防止制动时车轮抱死在路面上发生滑移，而 ASR 则是防止驱动时车轮在路面上不停地滑转，二者控制车轮的滑转方向是相反的，但从控制车轮与路面的滑移率来看，ABS 和 ASR 采用了相同的技术。从某种意义上来说 ASR 是 ABS 的完善和补充，ASR 可独立设立，但大多数与 ABS 组合在一起，常用 ABS/ASR 表示，统称为防滑控制系统。

2.1.2 基础理论知识

驱动车轮的滑移率

$$S_d = \frac{v_c - v}{v_c} \times 100\%$$

式中，S_d 是驱动时滑移率，v_c 是车轮圆周速度；v 是车身瞬时当速度。

当车轮在路面上完全滚动时，汽车速度完全由车轮滚动产生，$v = v_c$，滑移 $S_d = 0$；当车轮在路面上完全滑转时，车速 $v = 0$，其滑移率 $S_d = 100\%$；当车轮在路面上边滚动边滑动时，$r_c > v$，则 $0 < S_d < 100\%$。在车轮转动中，滑转所占的比例越大，滑移率也越大。

滑移率与纵向附着系数的关系如图 2.1.1 所示。从图中可以看出：

（1）附着系数随路面的不同而呈大幅度的变化；
（2）在各种路面上，$S_d = 20\%$ 左右时，附着系数达到峰值；
（3）上述趋势无论制动还是驱动几乎一样。

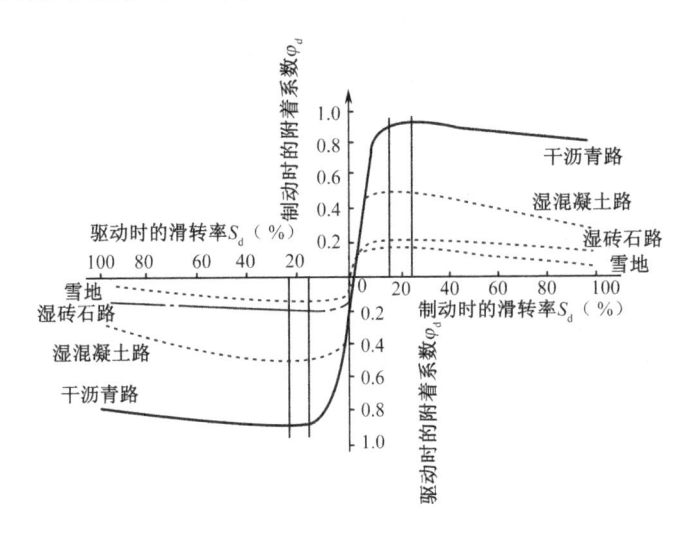

图 2.1.1 滑移率与纵向附着系数的关系

ASR 的优点：

汽车在起步、行驶中驱动轮可提供最佳驱动力，与无 ASR 相比，提高了汽车的动力性，特别是在附着系数小的路面上，起步、加速性能和爬坡性能最佳，能保持汽车的方向稳定性和前轮驱动汽车的转向控制能力，减少了轮胎磨损与发动机油耗。

通常，装备 ASR 的汽车在 ASR 工作时，仪表板上的 ASR 指示灯闪亮。它能够提醒驾驶员此时在易滑路面上行驶，驾驶员也绝不能因为有 ASR 装置而放松警惕。

2.1.3 ASR 的控制方式

1．发动机输出功率控制

合理的控制发动机输出功率，可以使汽车获得最大驱动力。发动机输出转矩的控制方法有：

- 调节燃油直喷量，如减小或中断供油；
- 调节点火时间，如减小点火提前角或停止点火时间；
- 调节进气量，如使用节气门开度和辅助空气装置。

上述方法中，从加速顺畅和燃烧完全以及减少污染的角度看，调整进气量最好，但调整节气门开度反应速度慢，调整点火时间和燃油喷射量反应速度较快，能补偿调整节气门的不足。

2．驱动轮制动控制

直接对发生空转的驱动轮加以制动，反应时间最短。普遍采用 ASR 与 ABS 组合的液压控制系统，在 ABS 系统中增加电磁阀和调节器，从而增加了驱动控制功能。

3．同时控制发动机输出功率和驱动轮制动力

控制信号同时启动 ASR 制动压力调节器和辅助节气门调节器，在对驱动车轮施加制动力的同时减小发动机的输出功率，以达到理想的控制效果。

4．防滑差速锁（Limited-Slip-Differential，LSD）控制

LSD 能对差速器锁止装置进行控制，使锁止范围为 0%～100%。当驱动轮单边滑转时，控制器输出控制信号，使差速锁和制动压力调节器动作，控制车轮的滑移率。这时非滑转车轮还有正常的驱动力，从而提高了汽车在滑溜路面的起步、加速能力及行驶方向的稳定性。

在差速器向驱动轮输出驱动力的输出端，设置一个离合器，通过调节作用在离合器片上的液压压力，便可调节差速器的锁止程度。差速器的工作原理如图 2.1.2 所示。

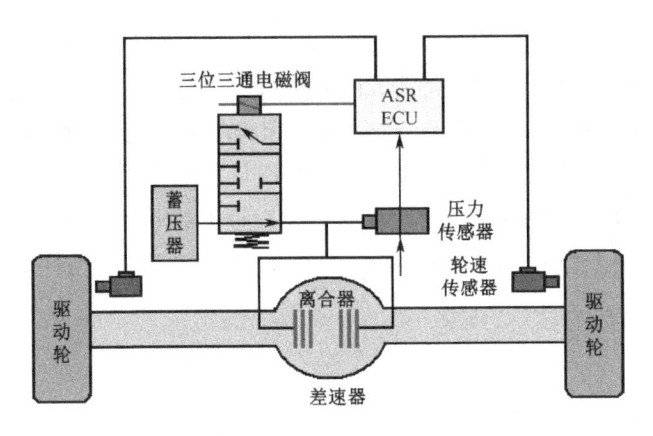

图 2.1.2　差速器的工作原理

上述四种控制方式中，前两种采用较多。这些控制方式可以被单独使用，但目前实际汽车上采用组合使用的较为普遍。

2.1.4　ASR 与 ABS 的联系与区别

ASR 与 ABS 都是用来控制车轮相对地面的滑动，以使汽车与地面的附着力不下降，但 ABS 控制的是制动时车轮的滑拖，而 ASR 控制的是驱动轮的滑转，ASR 只是对驱动车轮实施制动控制。ABS 是在汽车制动后车轮出现抱死时起作用，当车速很低（一般低于 8km/h）时不起作用；ASR 则是在汽车行驶过程中车轮出现滑转时起作用，当车速很高（一般高于 80～120km/h）时时一般不起作用。

2.2　汽车 ASR 系统的结构和工作原理

【情境导入】

2013 款哈弗 H6 运动版 1.5T 手动两驱都市版和升级版 1.5T 手动两驱精英版都配备有汽车电控驱动防滑系统（ASR），但是 2013 款哈弗 H6 1.5T 手动四驱都市型并没有配备电动驱动防滑（ASR）

根据上述叙述，要求大家知道：
（1）装备 ASR 系统和不装备 ASR 系统区别？
（2）ASR 系统工作过程。

【理论引导】

2.2.1　ASR 系统基本组成

ASR 系统是在 ABS 系统基础上增设了一些 ASR 的装置，主要有 ASR 制动执行器，由步进电机控制的发动机副节气门装置，以及一些 ASR 的控制开关及显示灯等。ASR 系统主要由轮速传感器、主/副节气门位置传感器、ABS/ASR 控制单元、ABS 执行器（制动压力调节器）、ASR 制动执行器（包括隔离电磁阀总成和制动功能总成）和副节气门控制步进电机等组成。ASR 制动执行器如图 2.2.1 所示。

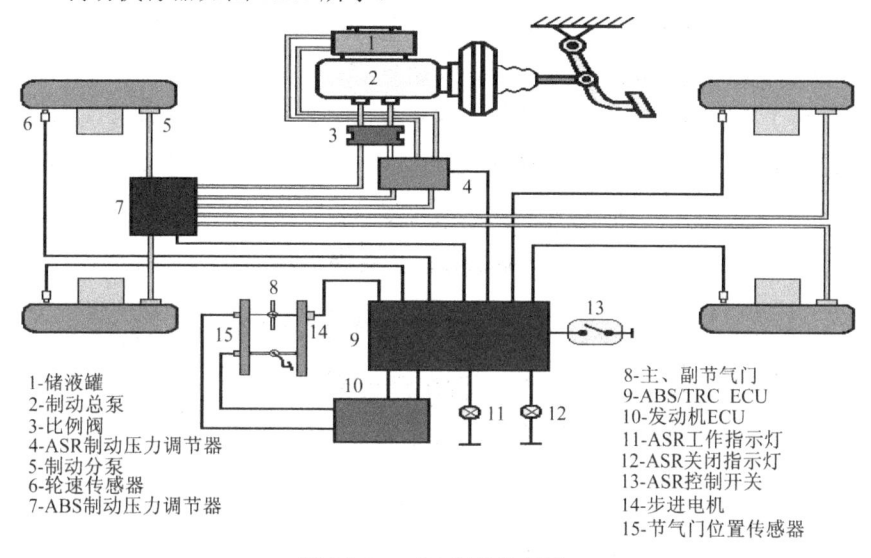

1-储液罐
2-制动总泵
3-比例阀
4-ASR制动压力调节器
5-制动分泵
6-轮速传感器
7-ABS制动压力调节器
8-主、副节气门
9-ABS/TRC ECU
10-发动机ECU
11-ASR工作指示灯
12-ASR关闭指示灯
13-ASR控制开关
14-步进电机
15-节气门位置传感器

图 2.2.1　ASR 制动执行器

2.2.2　主要部件

1. 副节气门控制装置（基本淘汰）

在发动机节气门上主节气门的前方，设置一个副节气门（辅助节气门），如图 2.2.2 所示，该装置的主要作用是在驱动防滑转控制过程中调节副节气门的开度，从而调整发动机的进气量，以达到控制发动机输出功率的目的。

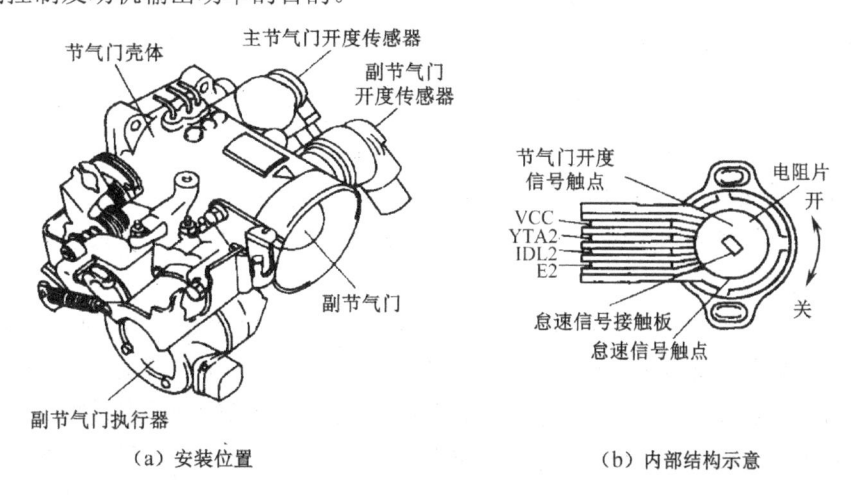

（a）安装位置　　　　　　　　（b）内部结构示意

图 2.2.2　副节气门装置

副节气门是由步进电机根据 ABS/ASR ECU 的指令进行控制的，在步进电动机旋转轴的末端装有一个齿轮（主动齿轮），步进电动机旋转时由该齿轮带动副节气门轴末端的扇形齿轮旋转，以此来控制副节气门的开度。当 ASR 不工作时，步进电机不通电，副节气门处于完全打开位置，此时发动机的进气量由驾驶员通过加速踏板操纵主节气门进行控制；当 ASR 工作时，副节气门的开度由步进电机根据 ABS/ASR ECU 的指令进行控制，使副节气门处于开启一半至全闭位置，从而实现进气量的自动调整。

在节气门体上设有主副节气门传感器，其检测信号先输入发动机和变速器 ECU，再由发动机和变速器 ECU 将主副节气门信号输送给 ABS/ASR ECU，如图 2.2.3 所示。

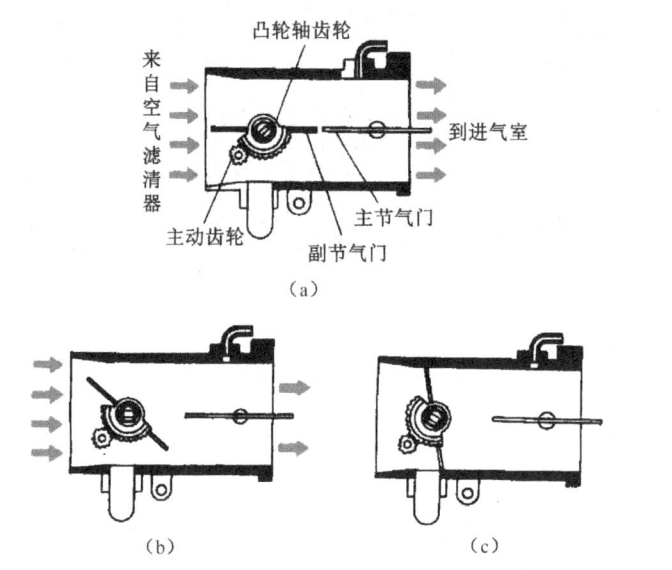

(a) 不运转，副节气门全开；(b) 半运转，副节气门打开 50%；(c) 全运转，副节气门全闭

图 2.2.3　副节气门工作原理

2. ASR 制动执行器

ASR 制动执行器主要由 ASR 隔离电磁阀总成和 ASR 制动供能总成组成。

（1）ASR 隔离电磁阀

ASR 隔离电磁阀装置主要由 3 个两位两通电磁阀组成，即制动总泵隔离电磁阀、蓄能器隔离电磁阀和储液器隔离电磁阀。该装置通过制动管路与制动总泵、制动压力调节器、ASR 制动供能总成相连。

在驱动防滑未介入时，3 个隔离电磁阀均不通电。此时制动总泵隔离电磁阀处于流通状态，将制动总泵至制动压力调节器中后轮调压电磁阀的制动液液路导通，蓄能器隔离电磁阀处于关断状态，将 ASR 制动供能总成至制动压力调节器中后轮调压电磁阀的制动液液路封闭；储液器隔离电磁阀也处于关断状态，将制动调节器中后轮调压电磁阀，储液器至制动总泵的制动液液路封闭。

在 ASR 工作过程中，3 个隔离电磁阀在 ECU 的控制下全部通电。此时，制动总泵隔离电磁阀处于关断状态，以防制动液回流到制动总泵，蓄能器隔离电磁阀处于流通状态，将蓄能器升压后的制动液通过电磁阀送到后轮制动分泵；储液器隔离电磁阀也处于流通状态，以便能将储液器及制动分泵中的制动液送回至制动总泵。

（2）ASR 制动供能总成

该装置主要由电动供液泵、蓄压器和压力开关组成，如图 2.2.4 所示，它通过管路与制动总泵和 ASR 隔离电磁阀总成相连。电动供液泵是一个电动机驱动的柱塞泵，它将制动液从总泵储液器中泵入蓄能器，使蓄能器中制动液压力升高并保持在一定范围内，以便为驱动防滑转制动介入时提供可靠的制动能源。

压力开关安装在 ASR 隔离电磁阀总成旁边，它的开关信号送入 ECU 后，用来控制 ASR 电动供液泵的运转。压力开关有两种：一种是适用于我国左驾驶汽车上使用的接触式压力开关，当液压高于 13.24N/mm² 时，开关断开，当液压低于 9.32 N/mm² 时，开关闭合，接通供液泵电动机电路；另一种是右驾驶汽车上使用的非接触型压力传感器，由三极管控制。

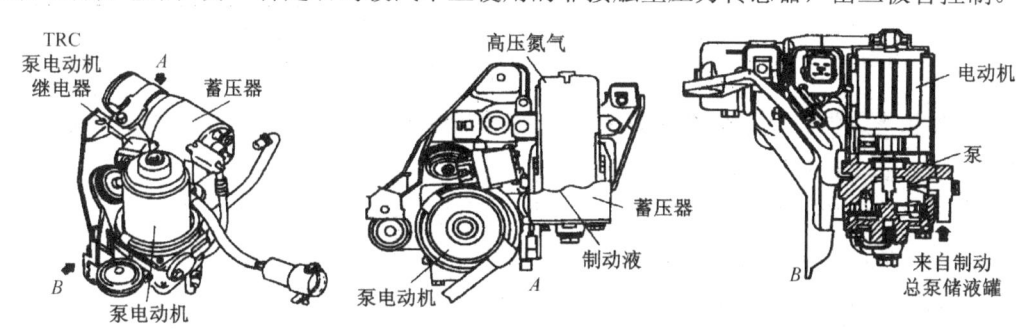

图 2.2.4 ASR 制动供能总成

2.2.3 ABS/ASR 的工作工程

1. ABS/ASR 系统未进入工作时

在 ABS/ASR 系统未进入制动防抱死和驱动防滑控制时，制动压力调节器和 ASR 隔离电磁阀总成中的各个电磁阀均不通电，制动总泵至各车轮制动分泵的制动液液路都处于流通状态；蓄能器中制动液的压力保持在一定范围内；控制副节气门的步进电机不通电，副节气门保持在全开位置。

2. 驾驶员踩下制动踏板时

（1）一般常规制动

当驾驶员踩下制动踏板进行制动时，制动总泵的制动液将通过各调压电磁阀进入制动分泵，各制动分泵的制动液随着总泵输出压力的变化而变化。

（2）ABS 工作过程

在制动过程中，如果 ECU 根据轮速传感器输入的信号判定有车轮趋于制动抱死时，ABS/ASR 系统就进入制动防抱死控制的减压—保压—增压循环过程。

减压：当 ECU 判定需要减小某一制动轮制动分泵的压力时，就使控制该通道中的调压电磁阀通入较大电流，使调压电磁阀将制动总泵至制动分泵的制动液液路封闭，而将制动分泵至储液器的制动液液路导通，该制动分泵中的制动液就会流入相应的储液器中，则该制动分泵中的制动液压力将随之减小；与此同时，ECU 还使回液泵电动机通电运转，将流入储液器的制动液泵回制动总泵。

保压：当 ECU 判定需要保持某一制动轮制动分泵的压力时，就使该控制通道中调压电磁阀通入较小电流，使调压电磁阀将制动分泵至制动总泵和相应储液器之间的制动液液路都封闭，该制动分泵的制动液压力保持一定。

增压：当 ECU 判定需要增加某一制动轮制动分泵的压力时，就使该控制通道中调压电磁阀断电，使调压电磁阀将制动分泵至制动总泵的制动液液路导通，而将制动分泵至相应储液器的制动液液路封闭，制动总泵的制动液流入制动分泵，该制动分泵的制动液压力随之增加。

通过上述减压—保压—增压循环调节，就能够使车轮滑移率保持在一定范围内。

3. 驱动防滑时

在汽车起步、加速及运行过程中，ECU 根据轮速传感器输入的信号，判定驱动轮的滑移率超过门限值时，就进入防滑转控制过程。

首先 ECU 使控制副节气门的步进电机通电运转，将副节气门开度减小，从而减小进入发动机的进气量，使发动机输出功率降低。

如图 2.2.5 所示，当驱动轮滑转时，ASR 控制器使电磁阀 II 通电，阀移至右位，电磁阀 I 和电磁阀 III 不通电，阀仍在左位，于是，蓄压器的压力油通入驱动轮制动泵，制动压力增大。

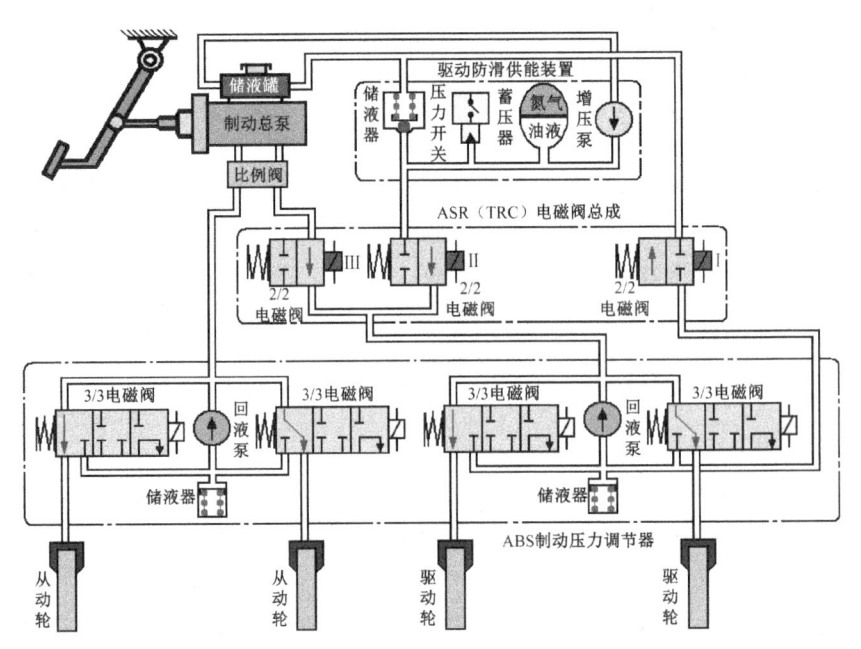

图 2.2.5 ABS/ASR 工作原理图

需要保持驱动轮制动压力时，ASR 控制器使 ABS 制动压力调节器半通电，阀至中位，隔断蓄压器及制动总泵的通路，驱动轮制动分泵压力保持不变。

需要减小驱动轮制动压力时，ASR 控制器使电磁阀Ⅰ通电，阀移至右位，接通驱动车轮制动分泵与储液室的通道，制动压力下降。

Ⅰ是储液器隔离电磁阀；Ⅱ是蓄能器隔离电磁阀；Ⅲ是制动总泵隔离电磁阀。

4．节气门驱动装置

如图 2.2.6 所示，ASR 控制系统通过改变发动机副节气门的开度来控制发动机的输出功率。节气门驱动装置由步进电机和传动机构组成。步进电机根据 ASR 控制器输出的控制脉冲转动规定的转角，通过传动机构带动副节气门转动。

ASR 不起作用时，副节气门处于全开位置，当需要减小发动机驱动力来控制车轮滑转时，ASR 控制器输出信号使副节气门驱动机构工作，从而改变副节气门开度。

1-副节气门；2-主节气门；
3、5-节气门位置传感器；
4-副节气门步进电机

图 2.2.6　节气门驱动装置

2.3　汽车 ASR 系统的检修

【情境导入】

2009 年，不少新宝来车主发现 ASR 故障灯与 EPC（发动机电子稳定系统）故障灯会莫名其妙地同时闪，同时伴随着车辆的异常抖动。如果没有 ASR 功能介入，一旦驱动轮打滑就会导致全车一侧偏移，造成极大的危险。投诉具体信息如下：

涉及品牌：一汽大众；车辆型号：新宝来 1.6L 全部车型涉及 4S 店全国大部分经销商；购车时间：2009 年年内购车；投诉地区：黑龙江、吉林、辽宁、湖南、山西、甘肃、陕西等。

后来，一汽大众已经开始实施针对该问题的解决方案，向几个投诉集中地区发布了厂商最新研发的电脑程序。已经开发出的新控制系统软件能够解决 ASR 故障问题。整个过程十分简单，连接电脑后刷机，仅仅用了不到 8 分钟。

【理论引导】

2.3.1　ASR 系统使用保养维护注意事项：

（1）ASR 系统在整个转速范围内协同 ABS 一起工作，若 ABS 发生故障，则 ASR 也不起作用。

（2）四个车轮必须装配规格相同的轮胎，若车轮滚动半径不同，则 ASR 系统不会起作用，而导致车辆在行驶中降低发动机功率。

（3）ASR 只是在一定范围内起作用，它起作用的范围不能超越车辆的物理极限，最好的办法是平稳驾驶，尽量不要出现车轮打滑的危险现象，一旦发现 ASR 在工作，一定要收油门。

2.3.2　关闭 ASR 功能

发动机启动后，ASR 系统自动启动，此时 ASR 警报灯应熄灭，若需要关闭 ASR 功能，可以按压 ASR 开关进行关闭。系统关闭后，ASR 警报灯自动点亮。下列情况下应关闭 ASR 系统：

（1）车轮安装防滑链。
（2）轿车在深雪或松软路面上行驶。
（3）轿车陷在某处，需前后移动摆脱困境。
（4）轿车在坡路上起步，但一侧车轮的道路附着力降低。

2.3.3　案例分析

现在我们一起排除前面描述过的奔驰 S600 轿车 ASR 故障灯亮且加速无力、怠速过高的故障。

ASR 故障灯亮，说明 ASR 存储有故障码，ASR 系统关闭，但 ASR 系统仍保持完好的工作性能。如果电子节气门系统中有故障，驾驶员仍可通过伸缩杆来操纵汽车，但发动机的功率会有所下降。节气门踏板控制汽车进入"跛行"模式，因此出现加速无力现象。

在此需要说明的是，ABS/ASR 系统的电脑和电子节气门电脑之间实现局域网信息传输，节气门体的发动机负荷信号实现了信息共享。如果节气门体出现故障，通过 CAN 信号传输线，ASR 控制单元将会点亮故障灯，因此必须对节气门体相关部件如节气门踏板位置传感器进行检查。

节气门踏板位置传感器由可变电阻和安全开关组成。安全开关为双触点开关，它们均由电位器门杆接通。节气门踏板处的调整运动可通过节气门联动结构、门杆和控制杆改变电位计的位置，产生一可变电压并被送回电子节气门电脑，由电脑的控制部分进一步处理。如果没有踩下节气门踏板，那么节气门踏板的安全开关是断开的，当点火开关转至 ON 档或者发动机运转时，在安全开关输入侧有电压，安全开关在怠速位置前的 4 度～6 度闭合。

拆检节气门踏板位置传感器，电阻值在正常范围内。经过仔细检查，发现节气门架的销钉与孔之间旷量，因此造成油门踏板的安全开关怠速时偏离标准位置，造成怠速过高现象。

电子节气门电脑向 ABS/ASR 电脑发回一个信号，告知节气门促动器的准确位置，由 ABS/ASR 电脑判定它所发出的关于减少节气门的指令是否被正确执行。如果探测到有任何失误，ASR 系统就会进入安全关断模式。在此模式下，ASR 故障灯亮，信息交换暂停，ASR 系统不再进一步工作。

在正常情况下，电子节气门电脑根据节气门踏板位置传感器信号，计算出输出信号来控制节气门促动器，于是促动器移至节气门踏板传感器所探测到的相应位置。如果驱动轮打滑，驾驶员所选择的节气门踏板位置就会超过传递给路面所要求的踏板位置，ABS/ASR 电脑识别出打滑，并向电子节气门电脑发送一个输出信号，节气门电脑向促动器发出信号以关闭节气门，而不管驾驶员用油门踏板所控制的节气门位置。在节气门踏板位置大于传递给路面的驱动力矩所要的位置期间，驱动力矩就会一直下降，直到驱动轮的打滑回落至规定的临界值以下。如果驱动轮打滑，伸缩杆会使 ASR 系统向节气门踏板的正常位置闭合节气门。伸缩杆专为"跛行"模式设计，它可在电子系统失效时，减小发动机的功率来保持驱动性能。因该车节气门体出现故障，ASR 系统停止工作，汽车进入"跛行"状态，自然加速时就会无力了。更换节气门十字销钉，消除其松旷，装复试车，故障排除。

【任务实施】

任务工单

任务名称	汽车 ASR 系统	实训设备	
任务目标	1. 能描述 ASR 结构。 2. 能叙述 ASR 工作原理。 4. 能用诊断电脑对 ASR 系统进行故障码的读取并进行故障诊断。 5. 通过分组活动，培养团队协作能力。 6. 通过规范文明操作，培养良好的职业道德和安全环保意识。 7. 培养工作方法能力。		
知识准备	1. 汽车 ASR 的是_____系统的缩写。 2. 汽车 ASR 系统的滑移率公式是_____。 3. ASR 主要在汽车_____和_____两种状态时起作用，防止驱动轮打滑。 4. 汽车驱动过程中，车轮的三种状态是_____、_____、_____。 5. 防滑转控制方式有哪些？		
任务计划	根据任务要求，确定所需要的检测仪器、工具，并对小组成员进行合理分工，制订拆装计划。 1. 需要的检测仪器、工具和设备。 2. 小组成员分工。		
任务实施	分组实车操作：观看驱动防滑系统的组成、工作过程，以便对驱动防滑系统有一个直观、整体的认识。 1. 驱动防滑系统中的传感器有_____。 2. 驱动防滑系统的工作条件是_____。 3. 驱动防滑系统指示灯_____。		

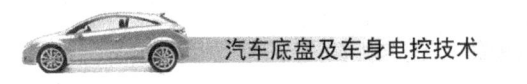

任 务 实 施	4. 实验及拆装中遇到的问题及解决方法。 5. 利用诊断电脑进行 ASR 系统故障码的读取（写明步骤）。 　　故障码： 　　操作步骤： 6. 根据维修手册对故障进行排除（写出流程）。
检 查 评 估	（一）填空题 1. 电控驱动防滑系统的英文缩写有＿＿＿＿＿＿＿＿＿＿＿。 2. 防滑差速器的锁止范围是＿＿＿＿＿＿＿＿＿＿＿＿。 3. 电控防滑控制系统指示灯符号是＿＿＿＿＿＿＿＿＿。 （二）简答题 1. 电控防滑控制系统控制方式有哪些？最常见的是哪些？ 2. 电控驱动防滑控制系统具体由哪些部件组成？ 3. 简述 ABS/ASR 系统工作原理。
任 务 拓 展	结合长城哈佛 H6，描述一下它的 ASR 系统各部分组成和各组成部分的安装位置。

第 3 章

汽车车身动态稳定系统

【本章学习目标】

掌握常用检测仪器和检测设备的使用方法。
能够按照常规的检测方法和检测步骤进行正确操作。
通过规范文明操作,培养良好的职业道德和安全环保意识。

【项目描述】

配备有 ESP 系统的车辆与只配备有 ABS 及 ASR 的汽车,它们之间的差别在于 ABS 及 ASR 只能被动地做出反应,而 ESP 则能够探测和分析车况并纠正驾驶的错误,防患于未然。ESP 对转向过度或转向不足特别敏感,例如,汽车在路滑时左拐过度转向(转弯太急)时会向右侧甩尾,传感器感觉到滑动就会迅速制动右前轮使其恢复附着力,产生一种相反的转矩而使汽车保持在原来的车道上。

3.1 汽车 ESP 概述

【情境导入】

李先生最近想买一辆斯柯达 2012 1.6L 的明锐,他对电动天窗、铝合金轮毂、倒车雷达等的选配都没疑问,但是在选配汽车车身电控稳定系统(ESP)时有了疑惑,他的朋友有的说 ESP 没有作用,有的朋友说,美国生产汽车必须装备 ESP 才能销售,因为 ESP 在紧急情况下可以救你一命,很重要。

请你结合本章任务的学习,给李先生一个答复,并给他解释选配的原因。

【理论引导】

3.1.1 ESP 系统作用

电子稳定程序（Electronic Stability Program，ESP）是汽车电控的一个标志性发明。ESP 最早由德国博世（Bosch）公司于 1997 年研制成功，并首先由奔驰公司应用于其 A 级轿车上。在欧洲，2005 年大约 40%的新注册车辆配备了 ESP，在高档车上，ESP 已经成为了标准配置，中档车上的装配率也迅速提高，在低档车上装配率稍低。北美和日本的 ESP 装配率上升也很快。在中国，目前 ESP 的装配率还比较低，但是可喜的变化正在显现，以往通常只在高档车上才装配 ESP，而现在变得越来越普及。

20 年前，博世是第一家把电子稳定程序（ESP）投入量产的公司。因为 ESP 是博世公司的专利产品，所以只有博世公司的车身电子稳定系统才可称为 ESP。在博世公司之后，也有很多公司研发出了类似的系统，如日产研发的车辆行驶动力学调整系统（Vehicle Dynamic Control，VDC），丰田公司研发的车辆稳定控制系统（Vehicle Stability Control，VSC），本田公司研发的车辆稳定性控制系统（Vehicle Stability Assist Control，VSA），宝马公司研发的动态稳定控制系统（Dynamic Stability Control，DSC），等等。

尽管名称不尽相同，但都是在传统的汽车动力学控制系统，如 ABS 和 TCS 的基础上增加一个横向稳定控制器，通过控制横向和纵向力的分布和幅度，以便控制任何路况下汽车的动力学运动模式，从而能够在各种工况下提高汽车的动力性能，如制动、滑移、驱动等。

ESP 包含 ABS 及 ASR，是这两种系统在功能上的延伸。ESP 能识别驾驶员输出与车辆实际运动不一致，从而马上通过有选择地制动或干预发动机来稳定车辆，防止车辆滑移。因此，ESP 称得上是当前汽车防滑装置的最高形式，如图 3.1.1、图 3.1.2 所示。

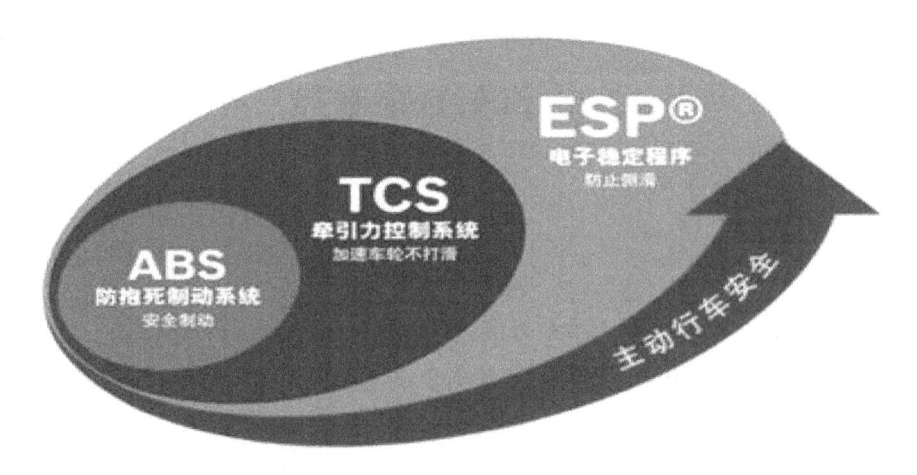

图 3.1.1　ABS、TCS、ESP 的关系图

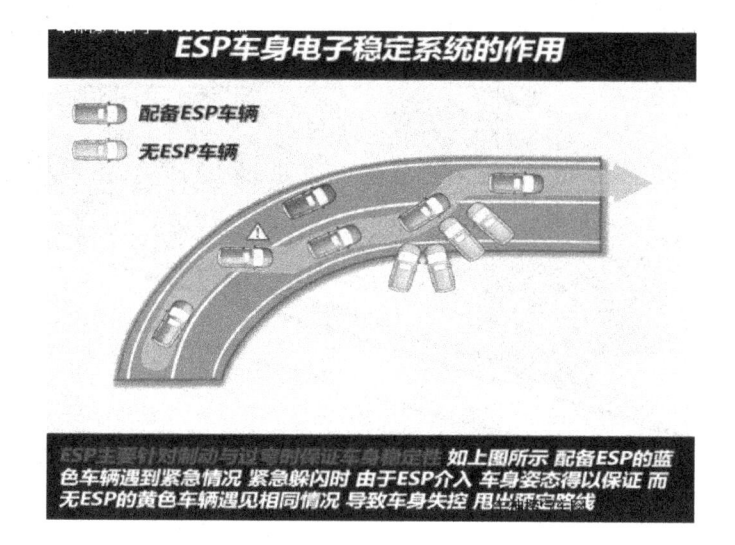

图 3.1.2　ESP 的作用

3.1.2　ESP 的功能特点

（1）实时监控：ESP 能够实时监控驾驶者的操控动作、路面反应、汽车运动状态，并不断向发动机和制动系统发出指令。

（2）主动干预：ABS 等安全技术主要是对驾驶者的动作起干预作用，但不能调控发动机。ESP 则可以通过主动调控发动机的转速，并调整每个轮子的驱动力和制动力，来修正汽车的过度转向和转向不足。

（3）事先提醒：当驾驶者操作不当或路面异常时，ESP 会用警告灯警示驾驶者。换句话说，ESP 实际上是一种牵引力控制系统，与其他牵引力控制系统相比，ESP 不但控制驱动轮，而且可控制从动轮。如后轮驱动汽车常出现的转向过度情况，此时后轮失控而甩尾，ESP 便会刹慢外侧的前轮来稳定车身；在转向不足时，为了校正循迹方向，ESP 则会刹慢内后轮，从而校正行驶方向。

3.1.3　上坡辅助系统（HAC）

上坡辅助系统（Hill-start Assist Control，HAC），是在 ESP 系统的基础上开发出来的一种功能，它可让车辆在不用手刹的情况下在坡路上起步而不会溜车，驾驶员右脚离开制动踏板车辆仍能继续保持制动几秒，这样便可让驾驶者轻松地将脚由刹车踏板转向油门踏板，避免了还要用驻车制动器去坡起而让驾车者感到手忙脚乱的麻烦，其示意图如图 3.1.2 所示。

接下来，再看看上坡辅助系统的启动条件：首先，排挡杆未处于 P 挡位置（自动挡车型）并且不要踩下油门踏板；此时车辆还需处于静止状态；操控者未将手刹（脚刹或电子制动）开启。满足以上这些条件时，驾驶者将脚从制动踏板上移开，上坡辅助系统便会启动；有些车辆是操控者进一步踩下制动踏板后上坡辅助系统便会自动启动。另外，在坡路上倒车时该系统同样起作用。

图 3.1.2　上坡辅助系统示意图

3.1.4　陡坡缓降系统（HDC）

陡坡缓降系统（Hill Descent Control，HDC）也称为斜坡控制系统，这是一套用于下坡行驶的自动控制系统，在系统启动后，驾驶员无须踩制动踏板，车辆会自动以低速行驶，并且能够逐个对超过安全转速的车轮施加制动力，从而保证车辆平稳下坡，此时制动踏板只是用于被动防止打滑，其示意图如图 3.1.3 所示。

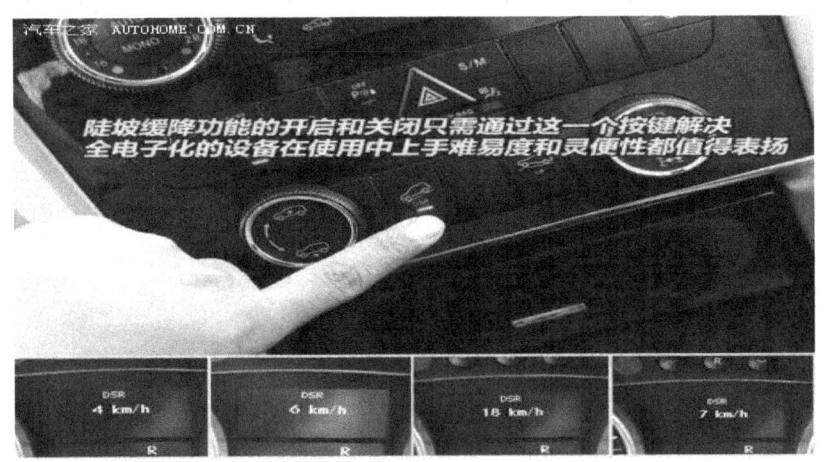

图 3.1.3　陡坡缓降系统示意图

陡坡缓降控制系统（见图 3.1.5）是与 ABS 防抱死系统协同工作，能够让车辆在受控制的情况下，安全通过陡坡路况的一种电子系统。该套系统于 1997 年首次应用在路虎 Freelander 车型上，随后被延伸应用于发现（Discovery）车型上；由于宝马公司在 1994 年至 2000 年间曾是路虎的背后东家，因此 HDC 技术也被理所应当地应用在宝马 X5 身上。宝马的陡坡缓降控制系统通过对前桥施加短暂制动力来补偿发动机制动力，从而令车辆在陡坡行驶时的可控性得到一定提升。当任意车轮失去抓地力时,该系统便会启用防抱死系统来协同制动,使车辆及时重新获得牵引力,从而安全、平稳地驶向坡底。该系统还对每个低档齿轮预设有下坡目标速度,HDC 系统会将实际车速与预定目标速度进行比较,如果速度超过预定值,便会立即施加制动力。如果条件允许,可通过油门来提高目标速度(最高可达 50km/h)。但如果是在崎岖或光滑的路面上,该系统会自动将目标速度降低。所以,驾驶配有 HDC 系统的车辆从陡坡上向下行驶时,驾驶员只需将 HDC 系统开关打开,车辆便会以 8~9km/h 的时速匀速下降,而无须双脚对油门、刹车进行任何控制。陡坡缓降系统的标识如图 3.1.4 所示。

图 3.1.4　陡坡缓降系统标识

图 3.1.5　陡坡缓降控制系统

不过在某些特殊环境下,HDC 系统会因制动温度过高而发生一些情况。例如,在环境温度较高并且长时间使用该系统时,制动系统因摩擦使温度不断提升,当达到一定极限值时,行车电脑便会出现"HDC TEMPROARILY NOT AVAILABLE SYSTEM COOLING"的字样,这意味着 HDC 功能会慢慢消失或已经失去作用,在未配备行车电脑的车上则会亮起 HDC 黄色警示灯。此时只能等待制动系统温度降至可有效工作的温度,HDC 系统才会重新起作用，警告信息也会随即消失。另外，如果 HDC 系统监测到有故障，行车电脑显示屏便会出现"HDC FAULT SYSTEM NOT AVAILABLE"字样，此时系统同样不能正常工作，操控者切忌强行使用该系统下陡坡，或是借用低档位和人工制动方法来达到同样的目的，应尽快到维修站点进行检测。

3.2 汽车 ESP 系统的组成和工作原理

【情境导入】

通过上一节的学习，大家都知道 ESP 系统是在高速时紧急避险用的！高速行驶中如果突然出现障碍物，制动就没什么意义了，司机本能反应就是急打轮，由于车辆本身惯性就容易出现转向不足，回正又会出现转向过度，结果造成汽车甩尾失控或直接撞上障碍物和路沿。

通过本节的学习，应掌握：

（1）ESP 系统由哪些部件组成？

（2）ESP 系统的工作原理？

【理论引导】

3.2.1 ESP 系统基本组成

ESP 系统由控制单元及转向传感器（监测方向盘的转向角度和方向）、车轮传感器（监测各个车轮的速度转动）、偏斜率传感器（监测车体绕垂直轴线转动的状态）、横向加速度传感器（监测汽车转弯时的离心力）等组成，如图 3.2.1 所示。控制单元通过这些传感器的信号对车辆的运行状态进行判断，进而发出控制指令。ESP 系统组成电路示意图如图 3.2.2 所示。

图 3.2.1　ESP 的构成示意图

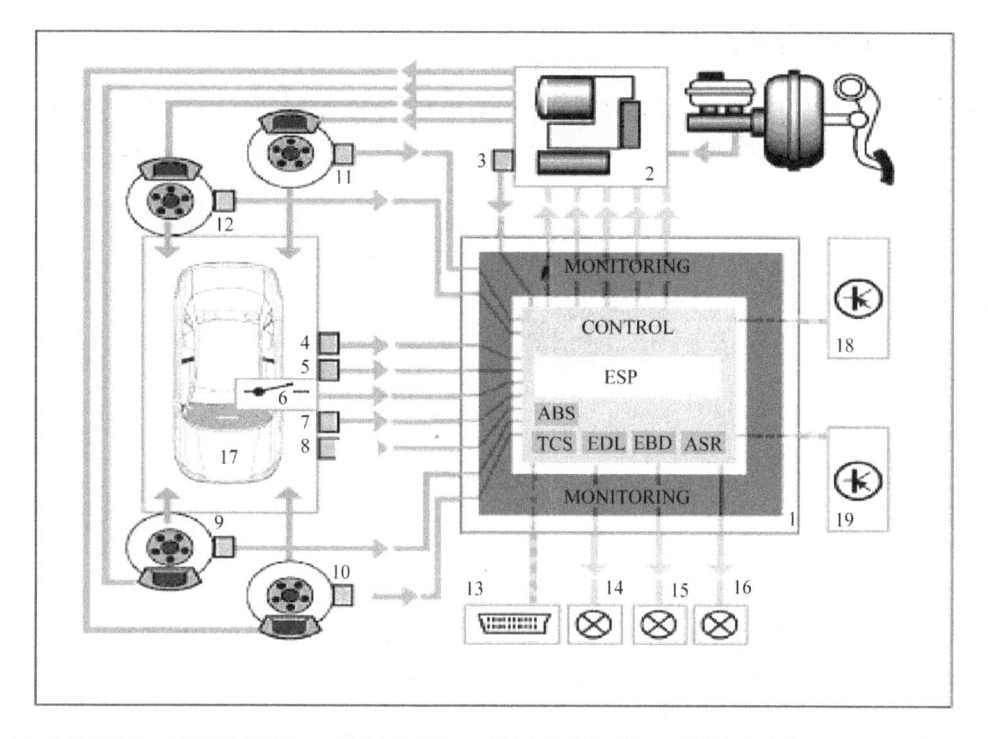

1-ABS 控制单元；2-液压控制单元；3-制动力传感器；4-侧向加速度传感器；5-横摆率传感器；6-ASR/ESR 按钮；7-方向盘转角传感器；8-制动灯开关；9～12-轮速传感器；13-自诊断；14-制动系统警报灯；15-ABS 警报灯；16-ASR/ESP 警报灯；17-车辆和驾驶状态；18-发动机控制调整；19-变速箱控制调整

图 3.2.2　ESP 系统组成电路示意图

1. 转向角传感器

转向角传感器安装在转向柱锁开关和方向盘之间的转向柱上，安全气囊的带滑环的回位环集成在该传感器内且位于该传感器下部，如图 3.2.3 所示。

G85转向角传感器

转向角传感器安装在转向臂转接件和转向轮之间的转向杆上。传感器装在有电子稳定程序（ESP）的车型上。这里不使用助力转向传感器（ESP）的车型上。这里不使用助力转向传感器G250。

ABS J104和J500控制单元都利用通过CAN总线传输的转向角信号，来驱动转向轮。

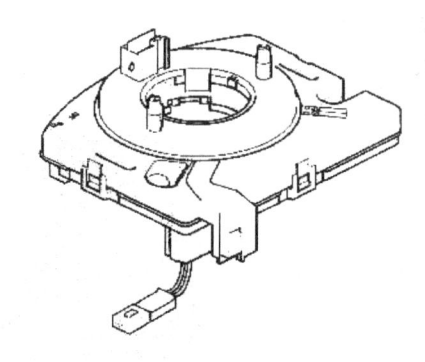

图 3.2.3　转向角传感器外形图

2. 横向加速度传感器

横向加速度传感器通常安装在司机座椅下,以尽量接近汽车重心。该传感器的作用是接收试图使车脱离原行驶路线的侧向力及该侧向力大小的信息,其示意图如图3.2.4所示。

图 3.2.4　横向加速度传感器

3. 偏斜率传感器

偏斜率传感器如图3.2.5所示,该传感器是从宇航技术借鉴来的,用来确定物体上是否作用有转矩,在ESP中该传感器用于确定车辆是否绕垂直轴线转动。

图 3.2.5　偏斜率传感器

4. ASR/ESP 按键

ASR/ESP按键的位置根据不同车型而异,一般在组合仪表区,如图3.2.6所示,驾驶员用该按键控制ESP功能。该开关是一个瞬间接触开关,按一下ESP开关,电子稳定程序从接通转至关闭。踏下制动踏板或再次按下该按钮,即可再次恢复ESP。ESP关闭时,ABS-ASR系统仍能正常工作。

图 3.2.6　ASR/ESP 按键

5. 液压调节器总成

液压调节器总成内部的液压回路如图 3.2.7 所示。为了能独立控制各车轮的制动回路，本系统采用了前后分离的四通道回路结构，每个车轮的液压制动回路都是隔离的，这样当某个制动回路出现泄漏时仍能继续制动。液压调节器总成根据 ECU 发送的控制信号调节制动液压力。液压调节器总成包括回程泵、电动机、储能器、进口阀、出口阀、隔离阀和后启动阀等部件。

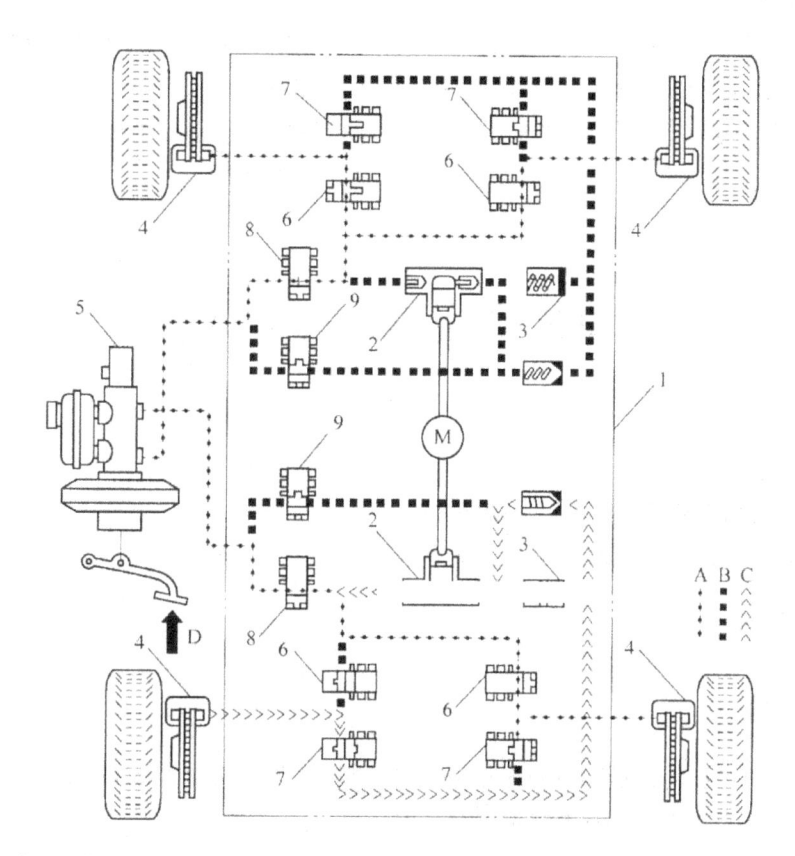

1-液压调节器总成；2-液压泵；3-蓄能器；4-制动钳；5-制动主缸；6-进油阀；
7-出油阀；8-隔离阀；9-起动阀；A-常规制动液流；B-停止的制动液流；
C-液压泵产生的制动液流；D-踏下制动踏板；M-电动机

图 3.2.7 液压调节器总成内部液压回路示意图

3.2.2 ESP 系统工作过程

在汽车出现不稳定行驶趋势时，ESP 采用了两种不同的控制方法，使汽车消除不稳定行驶因素，恢复并保持汽车预定的行驶状态。这两种控制方法是，首先 ESP 系统通过精确地控制一个或者多个车轮的制动过程（脉冲制动），根据需要分配施加在每个车轮上的制动力，迫使汽车产生一个绕其质心转动的旋转力矩，同时代替驾驶员调整汽车的行驶方向。其次，在必要时（如车速太快，发动机驱动转矩过大），ESP 系统会自动调整发动机的输出转矩，控制汽车的行驶速度。

通过采取上述两种技术措施，当汽车进行蛇形线路测试时就可以有效避免汽车发生翻转。ESP 系统不仅仅在干燥路面上提高了汽车的稳定性，还可以在路面附着性较差的时候，诸如结冰、湿滑，以及碎石等情况下起作用。在上述不利状况下，车轮与路面之间的附着力降低，即使是最好的驾驶员也很难将高速行驶的汽车保持在预定的路线上，汽车容易发生侧滑和跑偏，失去方向稳定性，甚至在急转弯时发生翻车事故，这时就需要 ESP 系统。

要实现以上功能，就必须在 ESP 的基础上增加感应驾驶员意图的传感器（转向盘传感器）、感应车辆自身打转的传感器（横摆角速度传感器）和感应车辆侧滑的传感器（侧向加速度传感器）。后两个传感器一般安装在车辆的重心位置。

3.3　汽车 ESP 系统的检修

【情境导入】

一辆别克新君越 3.0 轿车，行驶 6000 km。用户反映该车仪表显示"检修 ESP 系统"，同时故障灯点亮。请大家想一下产生这个故障的原因有哪些？

【理论引导】

1．故障诊断

车辆 ESP 可利用诊断系统对车辆进行故障排除。如果防滑控制 ECU 检测到故障，则 ABS 警告灯、打滑指示灯和主警告灯将亮起，多信息显示屏将显示警告信息以警告驾驶员。

2．故障码的读取与清除

故障现象：一辆别克新君越 3.0 轿车，行驶 6000 km。用户反映该车仪表显示"检修 ESP 系统"，同时故障灯点亮。

检查分析：维修人员接车后首先用故障诊断仪读取各系统的故障码，在悬架系统中有故障码 U0100——与控制单元失去通信，当前存在；U0073——通信总线 A 控制单元关闭，当前不存在。在制动控制系统中有故障码 U0073——通信总线 A 控制单元关闭，当前存在。在电子驻车控制单元中有故障码 C0561——保存系统停用信息，当前不存在。通过以上故障码可以看出，数据通信部分出现故障。

维修人员清除故障码后试车，经过减速带时，故障提示再次出现，读取故障码，发现仍然是先前的那些故障码。查阅数据线电路图（见图 3.3.1），找到所有存在故障码控制单元的数据线插接器编号，并对它们进行清理后再次试车，过减速带时故障又一次出现，但只有悬架系统 U0100 和制动控制系统 U0073 两个故障码。回忆试车过程，感觉是后轮过减速带时出现故障提示的。因为过减速带时悬架系统会发生变化，所以将故障部位锁定在悬架系统。对悬架系统的线路进行检查，同时抖动线束，看故障是否出现，但故障始终未能出现。替换悬架系统控制单元后试车，故障依旧。

整理思路，发现诊断过程有些盲目。到现在为止还没弄清通信总线 A 是指什么，那么下面就要设法查明这个问题。为实现这一点，笔者人为地将诊断接口 DLC 的 6 号线搭铁，再用故障诊断仪读取故障码，此时出现很多故障码，其中包括悬架系统控制单元故障码 U0100 和 U0073，制动控制单元故障码 U0073。接着又将 14 号线搭铁，情况类似，这说明通信总线 A 指的是高速 GMLAN 通信系统。再将 DLC 的 12、13 号线分别搭铁（见图 3.3.1），故障提示为通信总线 B 关闭。这说明在网络系统中，高速 GMLAN 被定义为通信总线 A，底盘扩展 GMLAN 被定义为通信总线 B。

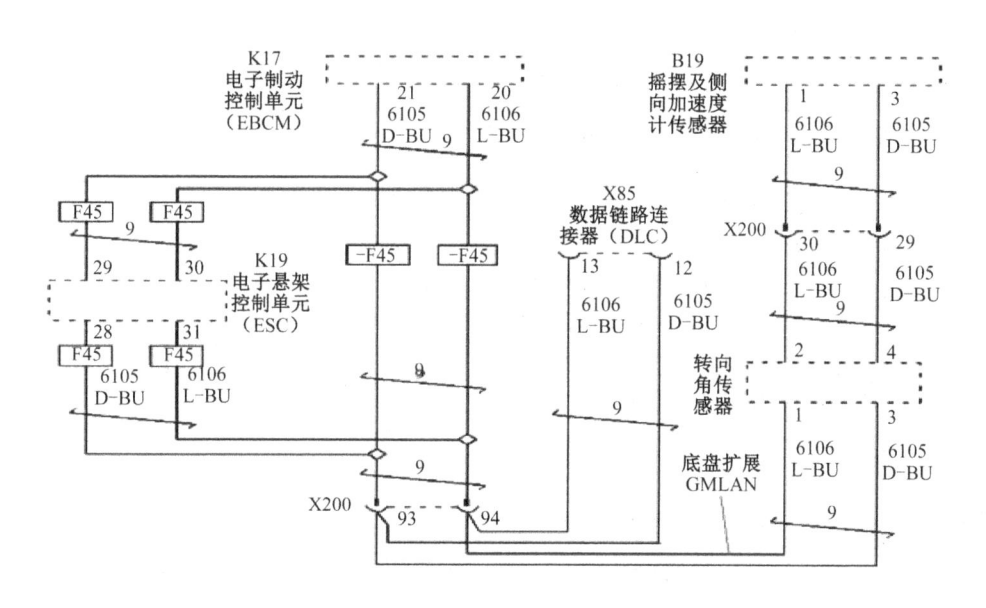

图 3.3.1 别克汽车系统电路图

因悬架系统控制单元和制动控制单元分别处在两个不同的通信总线上，但都有共同的故障码 U0073，说明问题应出在它们的网关上。查阅资料得知，高速 GMLAN 和底盘扩展 GMLAN 的网关为制动控制单元（EBCM）。对插接器 X108 和 EBCM 进行拍打，仪表立刻出现了"检修 ESP 系统"的故障提示。用故障诊断仪再次读取故障码，只有制动控制单元中存在故障码 U0073。将故障码清除，重复以上实验，结果是一样的。虽然没有悬架系统控制单元的故障码，但可以肯定问题就出在 EBCM 上。

故障排除：维修人员关闭点火开关，断开蓄电池负极线，取下 EBCM，对数据线插头使用导电胶进行处理。装复后再对其进行拍打，故障始终未出现。试车，反复以高速驶过减速带，故障再也没有出现过。三天后回访用户，得知故障已彻底排除。

回顾总结：此故障其实并不复杂，只要对故障码进行认真分析，就不难找出故障部位。首先分析看制动控制单元的故障码 U0073——通信总线 A 关闭，因制动控制单元是高速 GMLAN 和底盘扩展 GMLAN 的网关，所以当某一网络出现故障时，它会相应地关闭此通信总线，出现此故障码时，我们应该将注意力放在相应的数据总线上。再分析悬架系统的故障码 U0100——控制单元失去通信，悬架系统在工作过程中，需要从 EBCM 得到车速信号，在颠簸路面上行驶时，正是悬架系统工作的时候，瞬间得不到车速信号，就会存储与控制单元失去通信的故障码。通过对两个故障码的分析，可以知道故障点应在两个网络的节点上，这样就基本上能够判断出故障原因及部位。因此，在遇到问题时，首先要理清思路，寻找方法，然后对故障进行想象并对故障码进行分析，这样便会少走弯路，快速解决问题。

【任务实施】

任务工单

任务名称	汽车 ESP 系统实习	实训设备	
任务目标	1. 能描述 ESP 系统的结构和工作原理。 2. 能够对 ESP 系统的工作过程进行分析。 3. 熟悉 ESP 系统的检修步骤。 4. 能够用诊断电脑对 ESP 系统进行故障码的读取。 5. 通过分组活动，培养团队协作能力。 6. 通过规范操作，培养良好的职业道德和环保意识。 7. 培养工作方法和能力。		
知识准备	1. 结合下图填空。 ESP电子稳定系统组成 1-ESP电子控制单元 2-轮速传感器 3-方向盘传感器 4-摇摆运动感应器 5-发动机ECU （1）：_____ 作用：_____		

知识准备	（2）：_____ 作用：_____ （3）：_____ 作用：_____ （4）：_____ 作用：_____ 2．ESP 是英文 Electronic Stability Program 的缩写，意为_____，在大众、奥迪、奔驰车型上使用此简称。 3．装备 ESP 的车型，将同时装备有_____、_____、_____和_____。 4．横向加速度？应尽可能靠近车辆的_____，所以安装在_____。 5．ESP 警示灯的符号是_____。
任务计划	根据任务要求，确定所需要的检测仪器、工具，并对小组成员进行合理分工、制订拆装计划。 1．需要的检测仪器、工具和设备。 2．小组成员分工。
任务实施	分组实车操作：观察车身动态稳定系统的组成、工作过程，以便对车身动态稳定系统有一个直观、整体的认识。 1．车身动态稳定系统作用_____。 2．车身动态稳定系统用到的传感器有_____。 3．车身动态稳定系统的执行器有_____。 4．车身动态稳定系统报警灯符号是_____。 5．实验及拆装中遇到的问题及解决方法。 6．利用诊断电脑进行 ESP 系统故障码的读取（写明步骤）。 故障码： 操作步骤：

任务实施	7. 根据维修手册对故障进行排除（写出流程）。
检查评估	（一）填空题 1. 车身动态稳定系统英文缩写有_____。 2. 车身动态稳定系统在车辆出现_____和_____时工作。 3. 车身动态稳定系统系统指示灯符号是_____。 （二）简答题 1. ESP 的组成有哪些？ 2. ESP 系统主要特点有哪些？ 3. 简述 ESP 在汽车出现转向不足和转向过度时的控制原理？ 4. 如何进行转向盘转角传感器的校准？

第 4 章

电子控制悬架系统

【本章学习目标】

掌握电控悬架系统的功用。
了解电控悬架的要求和分类。
掌握典型电控悬架系统的构造及工作原理。
掌握电控悬架系统常见故障的现象、原因。

4.1 电控悬架的概述

【情境导入】

乘车的人经常会有这样的体会：车辆在加速、减速、转弯和制动时，车内的乘客很容易坐立不稳，舒适性特别差。有人说如果是有电控悬架的汽车，就不会出现此类问题。那什么是电控悬架？它有什么样的功能呢？

【理论引导】

4.1.1 汽车悬架的作用

悬架主要由弹性元件、减震器和导向机构等部分构成，弹性元件起缓冲作用，减震器能衰减震动，导向机构能传递动力。一般来说，汽车上的弹性元件多指螺旋弹簧（中、重型车一般是钢板弹簧），它能承受垂直载荷，缓和及抑制不平路面对车身的冲击，具有占用空间小、质量轻及无须润滑的优点，但本身因没有摩擦而起不到衰减震动作用。汽车悬架的示意图如图 4.1.1 所示。

减震器是指液压减震器，是为了衰减震动并使震动尽量不传递到车身而设置的，是整个悬架系统中最精密、最复杂的元件。导向机构是指车架的上下摆臂等差钢架、转向节等元件，传递动力并保证车身相对车架有确定的相对运动规律。除此之外，汽车的悬架对汽车车轮的定位有较大的影响，进而影响汽车的行驶性能、操纵性能及乘坐的舒适性。

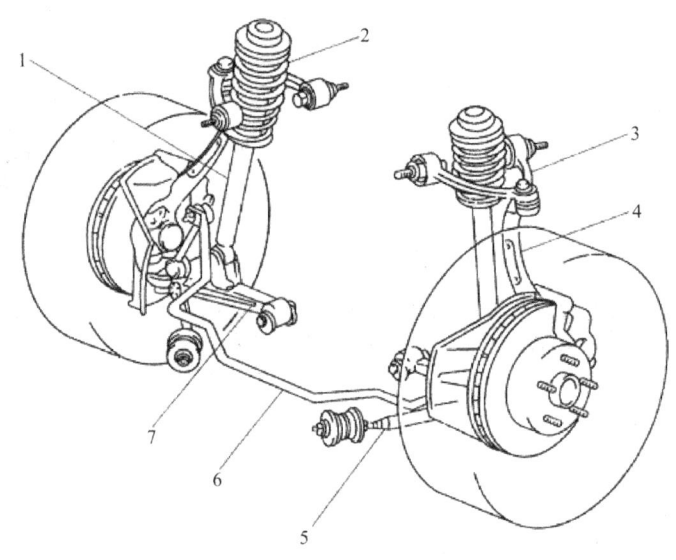

1-减振器；2-螺旋弹簧；3-上臂；4-转向节；5-支承杆；6-稳定杆；7-下臂

图 4.1.1　汽车悬架

4.1.2　传统悬架对汽车性能的影响

传统的悬架系统的刚度和阻尼参数是按经验设计或优化设计方法选择的，一经选定后，在汽车行驶过程中就无法进行调节，使得传统的悬架只能保证汽车在一种特定的道路和速度条件下达到性能最优的匹配，并且只能被动地承受地面对车身的作用力，而不能根据道路、车速的不同而改变悬架参数，更不能主动地控制地面对车身的作用力。

汽车的操控性与舒适性是衡量汽车性能的两个重要标准，而两者却始终保持对立，很难兼顾。柔软的悬架能够增强乘坐舒适性，但操控性就要大打折扣；较硬的悬架使车辆操控性能提高，却会导致乘坐舒适性的下降。所以在行车的过程中容易出现很多问题，例如（1）加速时容易出现车尾下坐；（2）不平路面的上下跳动；（3）转弯时容易侧倾；（4）紧急制动时的点头；（5）高速行驶的稳定性变差；（6）载荷增加车身下降，如图 4.1.2 所示。

（1）加速时容易出现车尾下坐 　　　　　　（2）不平路面的上下跳动

（3）转弯时容易侧倾 　　　　　　（4）紧急制动时的点头

图 4.1.2　行车中容易出现的问题

（5）高速行驶的稳定性变差 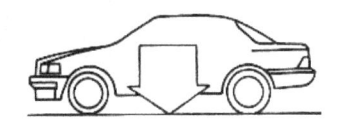　　　　　　　（6）载荷增加车身下降

图 4.1.2　行车中容易出现的问题（续）

4.1.3　电控悬架的作用

随着人们生活水平的不断提高，人们对于汽车的操控性和舒适性有了更高的要求。其中车辆减震系统起着至关重要的作用。而采用普通螺旋弹簧很难做到两全其美。于是，随着电子技术的发展，感受更完美的电控悬挂系统就应运而生了。

电子控制主动悬架（Electronic Modulated Suspension，EMS）的功能是在不同的使用条件下具有不同的弹簧刚度、减振器阻尼力和车身高度，使汽车的悬架特性与行驶的道路状况相适应，从而提高汽车的乘坐舒适性和操纵稳定性。

电控悬架的主要功能如下：

（1）车身高度控制。车辆高速行驶时可以使车身高度降低，车辆在凹凸不平的道路上行驶可以使车身高度升高，无论车辆的负载如何变化，都可以使汽车的高度保持一定，车身保持稳定。

① 车速超过 90km/h，降低车身高度，以减小空气阻力，提高汽车行驶的稳定性。

② 连续差路面行驶控制：车速在 40～90km/h，提高车身高度，以提高汽车的通过性。

③ 点火开关 OFF 控制：驻车时，当点火开关关闭后，降低车身高度，便于乘客的乘坐。

④ 自动高度控制：当乘客和装载质量变化时，使车身高度恒定不变。

（2）车速与路面感应控制。

① 当车速快时，提高弹簧刚度和减振器阻尼力，以提高汽车高速行驶时的操纵稳定性。

② 当前轮遇到突起时，减小后轮悬架弹簧刚度和减振器阻尼力，以减小车身的振动和冲击。

③ 当路面差时，提高弹簧刚度和减振器阻尼力，以抑制车身的振动。

（3）车身姿态控制。

① 转向时侧倾控制：急转向时，提高弹簧刚度和减振器阻尼力，以抑制车身的侧倾。

② 制动时点头控制：紧急制动时，提高弹簧刚度和减振器阻尼力，以抑制车身的点头。

4.1.4　汽车悬架的分类

1. 按结构分为独立悬架和非独立悬架

（1）独立悬架

独立悬架系统是每一侧的车轮都是单独地通过弹性悬架系统，悬架在车架或车身下面。独立悬架质量轻，减小了车身受到的冲击，并提高了车轮的地面附着力；可用刚度小的较软弹簧,改善汽车的舒适性;可以使发动机位置降低,汽车重心也得到降低,从而提高汽车的行驶稳定性;左右车轮单独跳动,互不相干,能减小车身的倾斜和震动。不过,独立悬架系统存在着结构复杂、成本高、维修不便的缺点,同时因为结构复杂,会占用一些车内乘坐空间。

现代轿车大都是采用独立式悬架系统,按其结构形式的不同,独立悬架系统又可分为横臂式、纵臂式、多连杆式以及麦弗逊式悬架系统等。

(2)非独立悬架

非独立悬架系统的结构特点是两侧车轮由一根整体式车架相连,车轮连同车桥一起通过弹性悬架系统悬架在车架或车身的下面。非独立悬架系统具有结构简单、成本低、强度高、保养、行车中前轮定位变化小等优点,但由于其舒适性及操纵稳定性都相对较差,在现代轿车中只有成本控制比较严格的车型才会使用,更多的用于货车和大型客车上。

2. 按照控制方式分类

汽车悬架按照控制方式不同通常分为传统被动式悬架(Passive Suspension)、半主动式悬架(Semi-active Suspension)、主动式悬架(Active Suspension)三类。

① 被动悬架即弹簧的刚度和减震器的阻尼力都不能根据驾驶情况和路面变化进行改变。由钢板弹簧和螺旋弹簧、减震器组成的机械式悬架系统,由于没有能源供给,悬架弹簧刚度和减震器的阻尼系数,不会随着驾驶员的操纵情况和路面感应去变化,所以这种悬架为被动悬架,如图 4.1.3 所示。被动悬架即传统悬架在设计时,不可能使乘坐舒适性及操作稳定性都得到优化,只能是在二者中间寻求折中方案(在特定道路及速度下实现);或偏重于某一种方案(牺牲一个方面,达到另一个目的)。

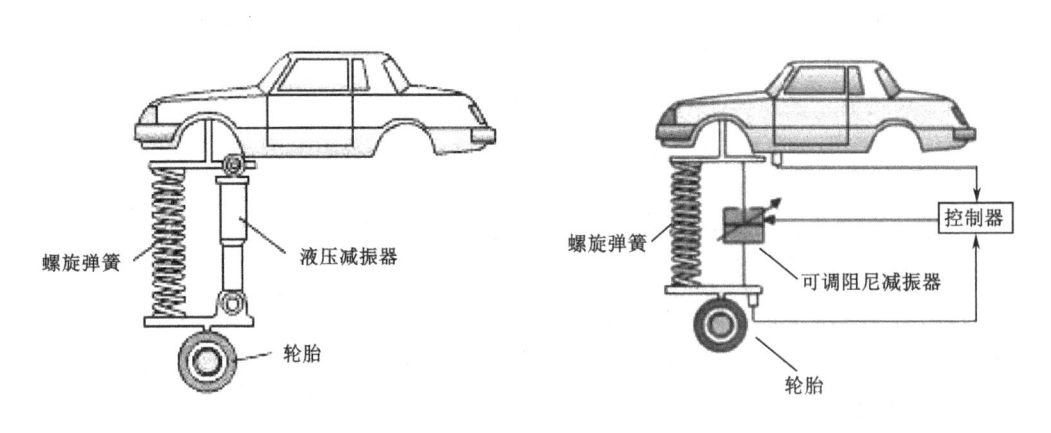

图 4.1.3 被动悬架　　　　图 4.1.4 半主动悬架

② 半主动悬架,即弹簧的刚度和减震器的阻尼力两者之一可以根据驾驶员的操纵情况和路面变化进行改变,如图 4.1.4 所示。一般不考虑改变悬架刚度,只考虑改变悬架阻尼。分为有级半主动(阻尼力有级可调如 OPEL)、无级半主动(阻尼力连续可调如 BENZ)。采用半主动悬架的汽车,在平直的路面上行驶,可以使减震器的阻尼力调至最小,从而获得

良好的乘坐舒适性,当汽车在较差路况条件下行驶或转弯、制动时,可使减震器阻尼力调至最大,以获得良好的操纵稳定性。由于半主动悬架结构比较简单,同时又可以有与主动悬架相近的性能,因此得到较广泛的应用。

③ 全主动悬架,即弹簧的刚度和减震器的阻尼力都可以根据驾驶员的操纵情况和路面变化进行改变。一般由传感器检测汽车的运行状况和驾驶员的操纵情况,反馈到电控单元ECU,然后ECU发出指令给执行器进行具体控制。

3. 按传力介质分类

悬架的按传力介质的不同分为油气式电子控制主动悬架和空气式电子控制主动悬架。

① 油气式电子控制主动悬架系统以油为介质压缩气室中的氮气,实现刚度调节,以管路中的小孔节流形成阻尼特性。例如,主动油气悬架(雪铁龙XM油气弹簧)。

② 空气式电子控制主动悬架。空气式电子控制主动悬架采用空气弹簧,通过改变空气弹簧中的主、副气室的通气室的截面面积大小来改变气室压力,以实现悬架刚度控制,并通过对气室充气或排气实现汽车高度调节。(丰田皇冠、日产公爵、日本三菱应用的是一种具有多种作用的电子控制复合型空气悬架。)

4.2 电控悬架的组成和工作原理

【情境导入】

一辆丰田凌志LS400轿车车身后部塌陷,几乎压在轮胎上。此车装有电控空气悬架,可以根据随着载荷和车速自动调节悬架的刚度,车身后部塌陷多是由于后减震或空气管路泄漏引起的。要排除此故障必须了解电控悬架系统的组成和工作原理。

【理论引导】

4.2.1 电控悬架系统的组成

电控悬架系统主要由车速传感器、节气门位置传感器、加速度传感器、方向盘转向与转角传感器、车身高度传感器、控制开关、电子控制单元和执行器(空气压缩机继电器、空气压缩机排气阀、空气弹簧进排气阀、模式选择开关)等组成。通过方向盘转角传感器可以采集汽车的行驶方向信号,通过车速信号可以知道汽车行驶速度,通过节气门位置传感器可以知道汽车的加速或减速信号,通过车身高度传感器可以知道前、后车身的高度信号。传感器将相关信息输送给电子控制单元,电子控制单元将传感器送入到电信号进行综合处理,输出对悬架的刚度和阻尼及车身高度进行调节的控制信号,从而使汽车的乘坐舒适性和操纵稳定性得到提高。

尽管不同汽车的电控悬架系统的功能和零件组成各不相同,但基本都由传感器、电子控制单元,执行器和警示灯组成,以如图4.2.1所示丰田凌志LS400电控空气悬架为例来说明其安装位置。

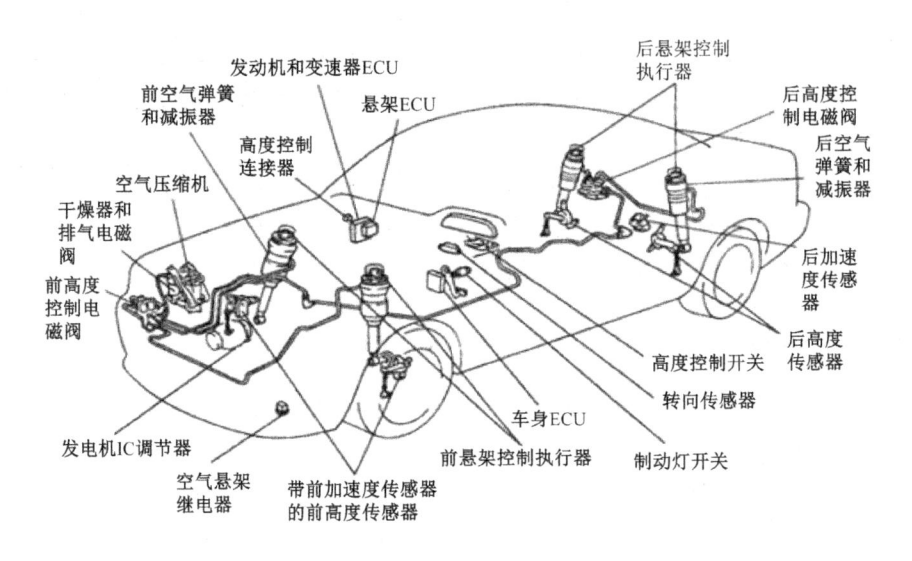

图 4.2.1　丰田轿车的空气悬架系统在车上的布置形式

4.2.2　电控悬架的工作原理

传感器将汽车行驶的路面情况（汽车的振动）和车速及起动、加速、转向、制动等工况转变为电信号，输送给电子控制单元，电子控制单元将传感器送入的电信号进行综合处理，输出对悬架的刚度和阻尼及车身高度进行调节的控制信号。执行器根据电控单元的控制信号控制架的刚度和阻尼及车身高度进行调整的控制，其工作原理如图 4.2.2 所示。

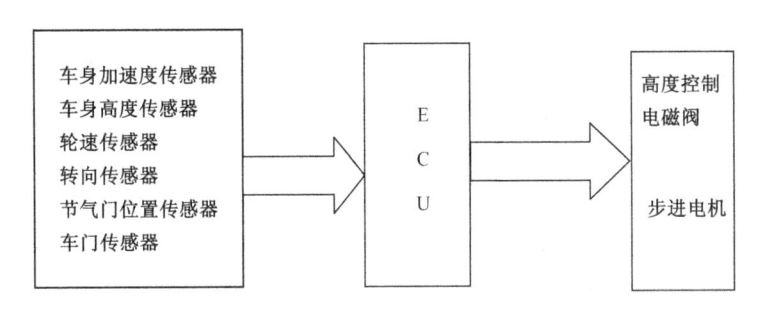

图 4.2.2　电控悬架的工作原理

4.2.3　电控悬架系统的基本元件及工作过程

电控空气悬挂系统中，弹簧的刚度和汽车车身的高度控制可以通过根据驾驶条件改变气体的有效压缩容积和充放气来实现。减震器阻尼力可以通过改变小孔的节流面积来实现，以抑制车辆的侧倾、制动前点头，车尾下坐或汽车的变化，从而提高舒适性和操纵稳定性。

1．传感器的结构及工作过程

（1）转向传感器

转向传感器外形结构如图 4.2.3 所示，该传感器位于转向盘下面，装在组合开关总成内，用于检测汽车转弯的方向和转弯的角度。转向传感器由一个信号盘(有缝圆盘)和两个遮光器组成。每个遮光器有两个发光二极管和两个光敏晶体管,两者相互对置,并固定在转向柱管上。信号盘沿圆周开有光缝,它被固定在方向盘主轴上,随主轴转动而转动。带窄缝的遮光盘使光电耦合器产生的光束发生通断变化,从而使得光电耦合器输出端进行 ON、OFF 变换,形成脉冲信号,ECU 根据两组光电元件输出信号导通与截止的频率可以计算出转速;根据相位差判断转向。转向传感器的电路图如图 4.2.4 所示。

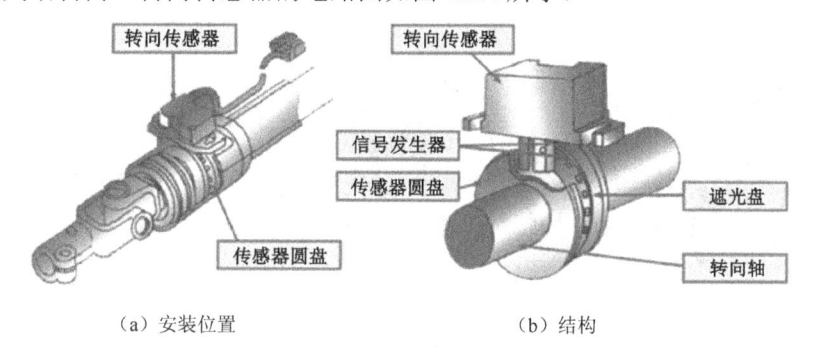

（a）安装位置　　　　（b）结构

图 4.2.3　转向传感器外形结构

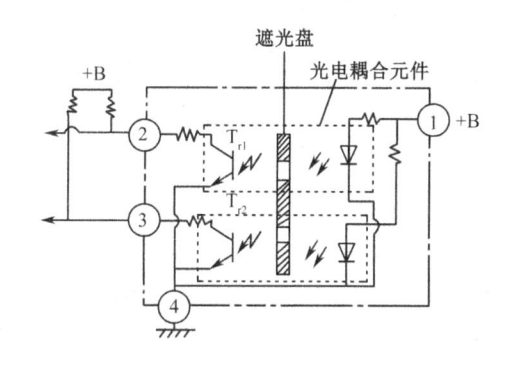

图 4.2.4　转角传感器的电路图

（2）车身高度传感器

该传感器用于检测车身与车桥的相对位移,反映车身的平顺性和车身高度。它装在车身与悬架之间。高度传感器有簧片式、霍尔式和光电式等多种型式。其中光电式最为常见,其结构如图 4.2.5 所示。

两组光电耦合元件输出信号与车身高度的关系如表 4.2.1 所示。

表 4.2.1　两组光电耦合元件输出信号与车身高度的关系

1号开关信号	2号开关信号	车高位置
0	0	过低
0	1	低
1	1	高
1	0	过高

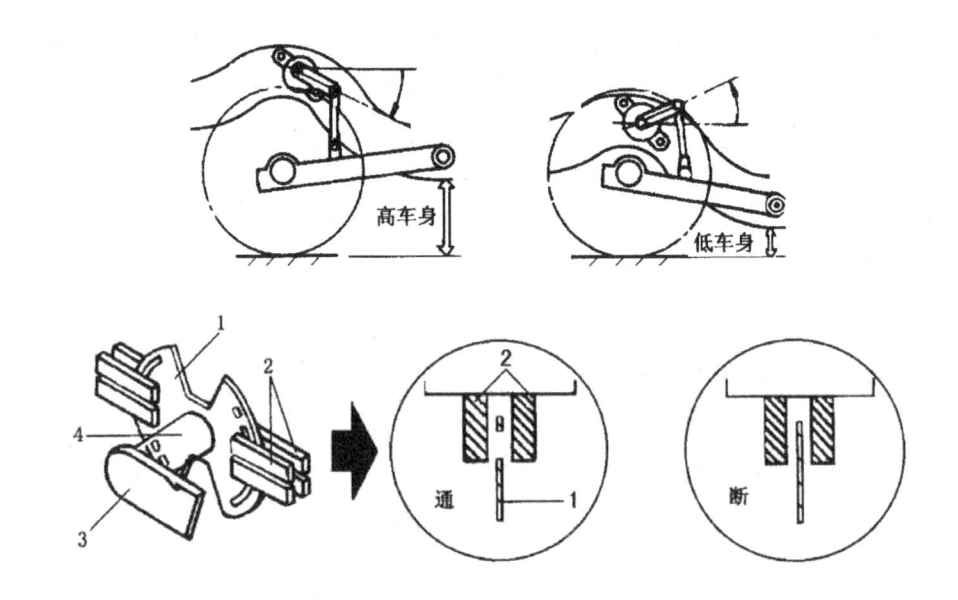

1-遮光板；2-光电耦合器；3-摆臂；4-传感器轴

图 4.2.5　车身高度传感器的结构示意图

车身高度传感器原理是将光电耦合元件不断转换的电量作为电信号输入电脑，用来识别悬架高度的变化，采用 2 个这样的遮光器，传感器就可以将车身高度划分为 4 个区域，如表 4.2.1 所示。如果采用 4 个光电耦合器，则可以根据其通断状态，组合成 16 个车高区域。

（3）车身加速度传感器

按工作原理不同分水银开关型、摆型、应变仪型，如图 4.2.6 所示。当车轮打滑时，不能以转向和汽车车速正确判断车身侧向力的大小，这时可以利用车身加速度传感器检测出车身的横向加速度和纵向加速度，从而判断车身的侧向力和纵向力的状况，横向加速度传感器主要用于检测汽车转向时，汽车因离心力的作用而产生的横向加速度，并将产生的电信号输送给电控单元，电控单元根据输送的信号可以判断悬架系统阻尼力改变的大小及空气弹簧中空气压力的调节情况，从而调节车身至最佳姿势。

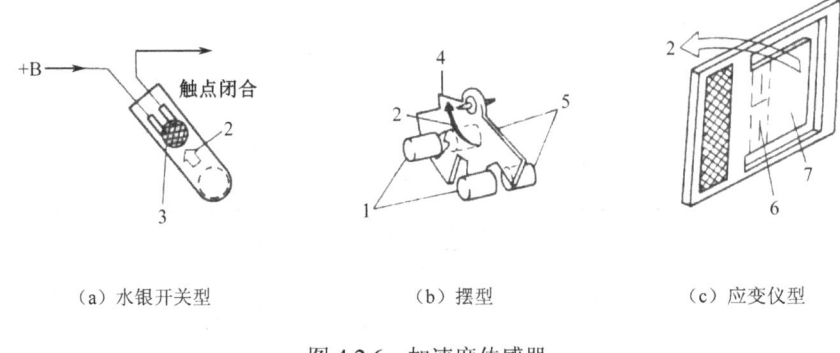

（a）水银开关型　　　（b）摆型　　　（c）应变仪型

图 4.2.6　加速度传感器

水银开关型：当汽车制动时，足够大的减速度力将水银上抛，接通电路，给 ECU 加速度信号。

摆型：摆动板（遮光板）两面分别装有两个信号发生器，当汽车制动时，摆动板摆动信号发生器产生通（ON）或断（OFF）的脉冲信号。ECU 根据通、断变换的速率就能计算出加速度。

应变仪型：当汽车制动时，悬架减速度产生的惯性力使半导体应变片发生弯曲变形，使其电阻变化，引起动态应变仪输出电压的变化；加速度越大，惯性力越大，输出电压越高。

（4）车轮速度传感器

检测车轮速度的作用是检测出车轮的速度信号。汽车车身的侧倾程度取决于车速和汽车转向半径的大小。当电控单元接收到车速信号与方向盘转动角度信号后，就可计算出车身的侧倾刚度，通过调节悬架系统阻尼的大小来改善汽车行驶的安全性，该传感器有的安装在仪表板上，有的安装在变速器输出轴上，也有的安装在车轮上。

（5）加速踏板传感器

加速踏板传感器是用于向悬架 ECU 提供汽车加速信息。

（6）节气门位置传感器

节气门位置传感器的作用是利用此信号来判断汽车是否在进行紧急加速，可以间接检测汽车加速度信号。电控单元利用此信号作为防止车身下坐控制的一个工作参数。

（7）车门传感器

车门传感器是为了防止行驶过程中车门未关而设置的。

（8）高度控制开关

高度控制开关是用来选择汽车的高度，电控单元监测高度控制开关的状态和相应信号使得汽车高度升高或下降。有的车辆上还有高度控制开关 ON/OFF，用于停止高度控制。

（9）模式选择开关

模式选择开关位于变速操纵手柄旁，驾驶员根据汽车的行驶状况和路面情况选择悬架的运行模式，即悬架的"软"、"中"、"硬"状态，从而决定减震器阻尼力的大小。模式选择开关的位置如图 4.2.7 所示。

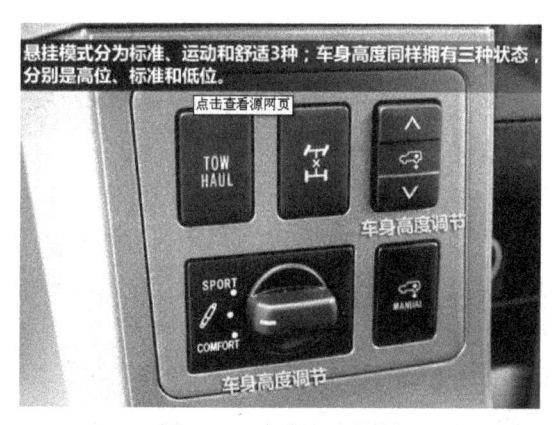

图 4.2.7　车身高度控制

（10）制动灯开关

制动灯开关的作用是当踩下制动状态踏板时，停车灯开关便接通，电控单元接收这个信号作为点头控制作用的一个起始。

2．电控单元

电控单元是电控悬架系统的控制中枢，它由数字电路构成，各传感器传来的信号经过输入电路整形变换后，以数字信号的形式输送至悬架 ECU，ECU 对这些信号进行分析、比较和判断处理，经精确计算后输出控制信号。控制信号有变换减震器阻尼力和空气弹簧刚度的执行器信号，以及表示减震器阻尼力和空气弹簧刚度状态的指示器驱动信号，这信号从悬架 ECU 经输出电路输出。

悬架 ECU 根据各种传感器的信号和悬架模式选择所确定的工作模式、控制减震器的阻尼力、悬挂刚度和车身高度。ECU 还有故障自诊断功能和自我保护功能，当电控系统出现故障时，ECU 将以故障码的形式存储故障，并使指示灯亮，同时以预先设定的参数取代有故障的传感器或执行器，具体保护方法如表 4.2.2 所示。悬架电控单元的电路如图 4.2.8 所示。

表 4.2.2　传感器或执行器失效的保护方法

失效部件	失效保护方法
转向传感器	禁止汽车侧倾控制
加速度传感器	禁止汽车行驶的控制（车身扭转、跳动控制）
车速传感器	禁止汽车稳定性控制（抗侧倾、高度感应控制）
车身高度传感器	禁止汽车姿态控制（抗点头、抗后坐）
悬架执行器	禁止所有悬架控制功能并将悬架减震器阻尼固定在硬状态

3．执行机构（直流电动机式）

悬架执行器的作用是通过步进电动机驱动主、副气室的空气阀阀芯和减振器阻尼孔的回转，使悬架各参数保持在稳定的状态。步进电动机式执行机构如图 4.2.9 所示。

步进电动机带动小齿轮驱动扇形齿轮转动，与扇形齿轮同轴的阻尼调节杆带动回转阀转动，使阻尼孔开闭的数量变化，从而可以调节减振器的阻尼力，同时阻尼调节杆驱动齿轮带动空气阀驱动齿轮转动，空气阀控制杆转动，阀芯角度改变，悬架的刚度也得到调节。

（1）空气悬架车身高度调节

电控空气悬架通过充放气实现车身高度的调节。主要执行元件包括电动机、空气压缩机、干燥器、排气电磁阀等。空气压缩机由 ECU 通过继电器进行控制，用来提供控制车身高度所需要的压缩空气，从压缩机出来的空气进入干燥器，经干燥器吸湿后被送入至高度控制电磁阀，由高度控制电磁阀控制空气弹簧的充气量。空气弹簧空气室的压力由调节阀控制，当排气阀打开时，空气弹簧内的压缩空气从排气阀排入大气，同时将干燥器内的水分一起带走。车身高度控制系统空气管路示意图如图 4.2.10 所示。气源装置结构如图 4.2.11 所示。

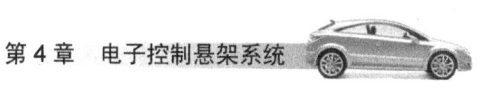

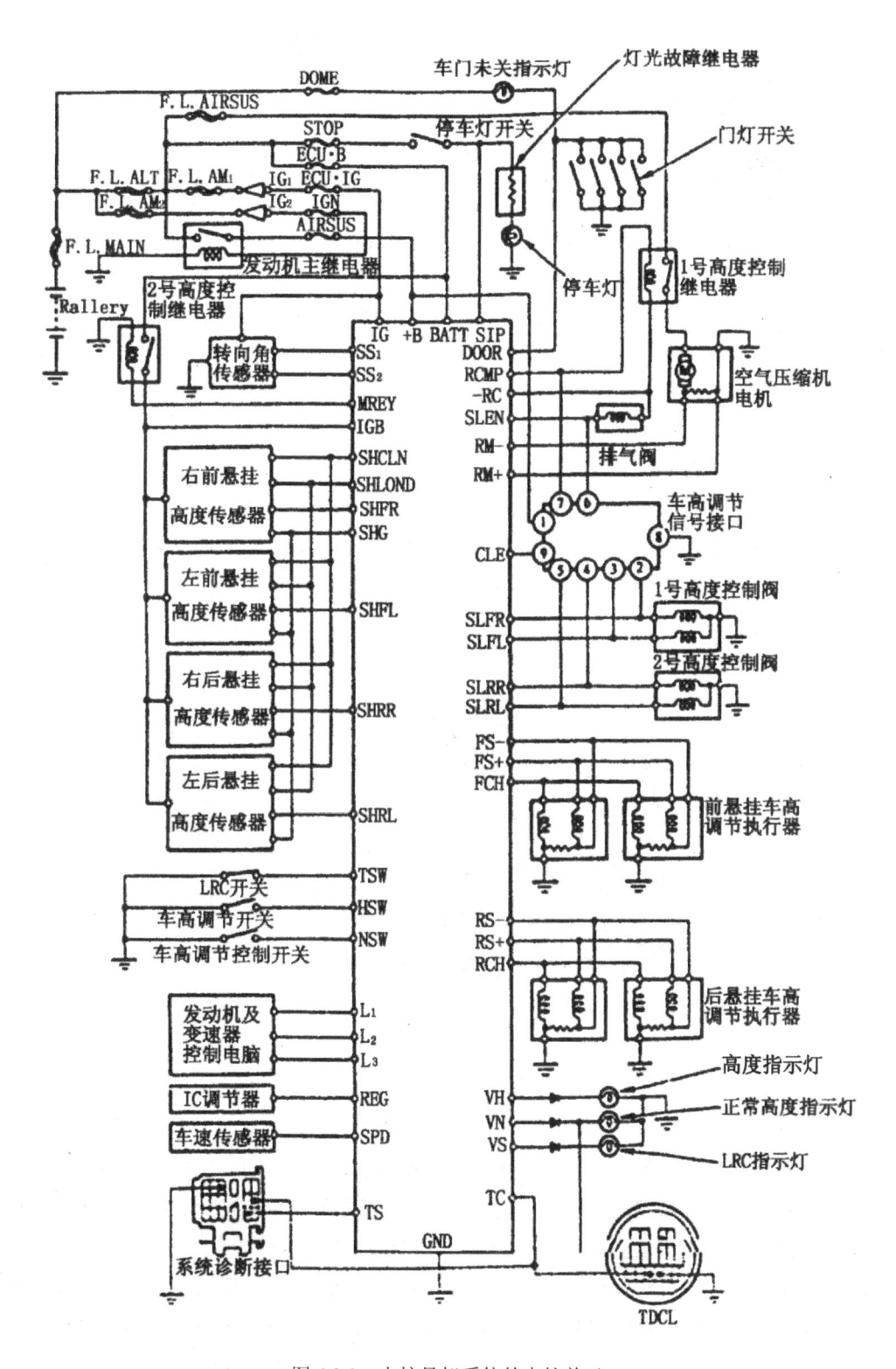

图 4.2.8 电控悬架系统的电控单元

图 4.2.9　步进电动机式执行机构

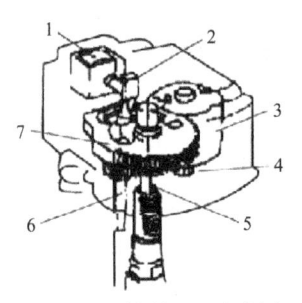

1-电磁线圈；2-制动杆；3-步进电机；
4-小齿轮；5-阻尼调节杆；
6-刚度调节杆；7-扇形齿轮

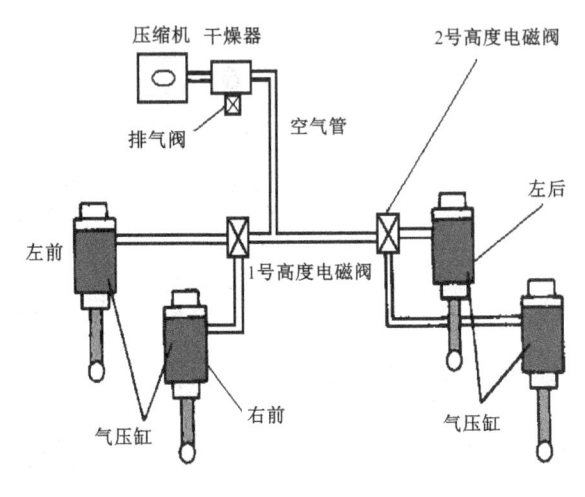

图 4.2.10　车身高度控制系统空气管路

高度控制阀和排气阀的结构完全相同，都是由电磁线圈、柱塞、活动铁芯等组成，排气阀的结构如图 4.2.12 所示。两者都是用来调节车身高度和空气弹簧的刚度，区别在于安装位置不同。高度控制阀有 4 个，安装在空气管和空气弹簧气室之间，控制压缩空气的通断。排气阀只有 1 个，安装在空气管与大气之间，控制压缩空气与大气的通断。

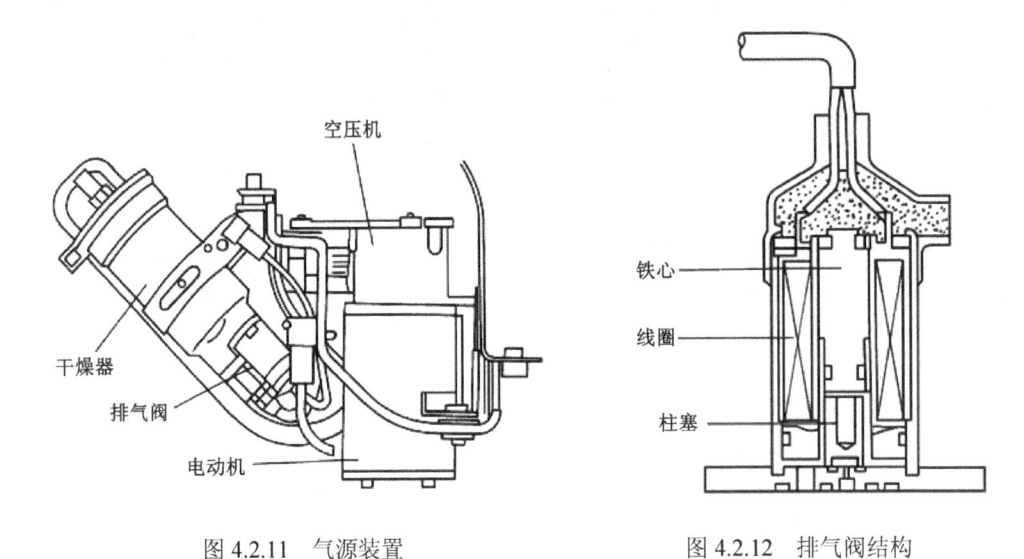

图 4.2.11　气源装置

图 4.2.12　排气阀结构

（2）空气悬架刚度调节

电控悬架是空气弹簧代替传统悬架的螺旋弹簧或钢板弹簧，主气室容积可变，在它的下部有一个可伸缩的橡皮隔膜，压缩空气进入主气室可升高悬架的高度，反之使悬架高度下降，车高控制悬架的结构如图 4.2.13 所示。主、副气室设计成一体可节省空气又减轻重量，悬架的上段与车架相连，下端与车桥相连。主气室与副气室之间有公用通道。改变主、副气室气体通道的大小，就可改变悬架的刚度。主、副气室之间的气体通道使空气阀阀芯处于不同的位置，可实现空气弹簧低、中、高三种状态的刚度调节，如图 4.2.14 所示。

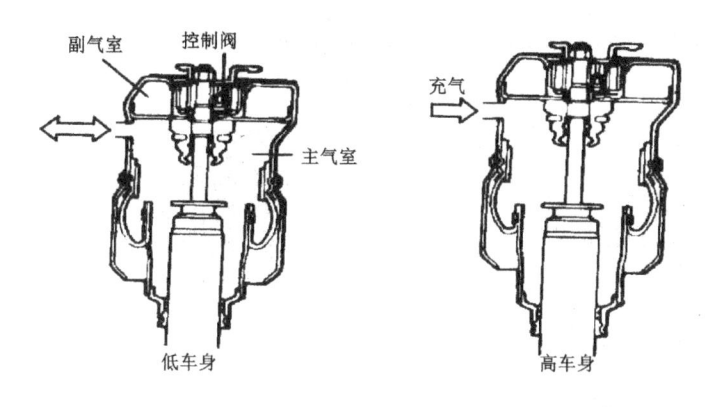

图 4.2.13 车高控制悬架的结构

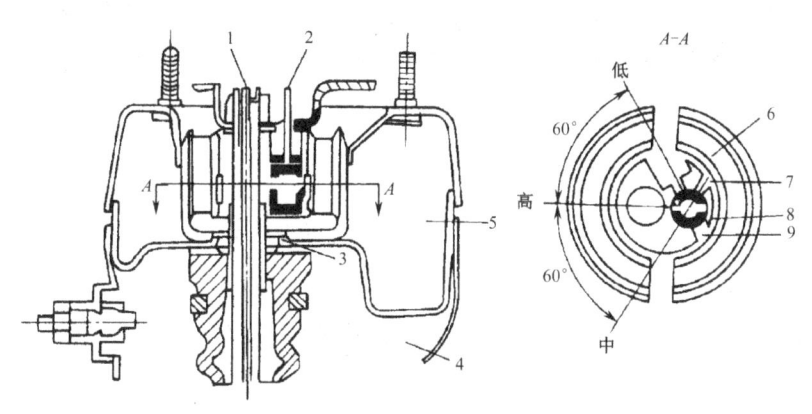

1-阻尼调节杆；2-气阀控制杆；3-主、副气室通路；4-主气室；5-副气室；6-气阀体；7-气体通路小孔；8-阀芯；9-气体通路大孔

图 4.2.14 悬架刚度的调节原理图

悬架刚度的调节过程，主、副气室之间的气阀体上有大、小两个气体通道。由步进电机带动气阀控制杆2转动，使得空气阀的阀芯转过一定角度，从而改变气体通道的大小，进而改变主、副气室之间的气体流量，使得悬架刚度发生变化。

如图4.2.14所示，气阀处于此位置时，大、小气体通路全部被封住，主、副气室的气体不能相互流动，可压缩的气体容积最小，悬架处于高刚度状态。

如果气阀顺时针转60°，气阀将大气体通路打开，两气室之间的气体流量大，参加工作的气体容积增大，悬架处于低刚度状态。

如果气阀逆时针转60°，气阀将小气体通路打开，两气室之间的气体流量小，参加工作的气体容积减小，悬架处于中刚度状态。

（2）空气悬架阻尼调节

悬架阻尼的调节是通过改变减震器的阻尼孔的节流面积的大小来实现的，它主要由缸筒、活塞及活塞控制杆、回转阀等构成，其基本结构如图4.12.15所示。活塞、减震阻尼调节器杆和连接回转阀上共有三个阻尼孔，悬架控制执行器驱动阻尼调节杆转动，从而使回转阀转动，开闭三个阻尼孔，使回转阀与活塞杆上的油孔连接或切断，从而改变油路的节流面积，达到减震器阻尼力控制的目的，这种控制可以实现"软"、"中"、"硬"三种阻尼。

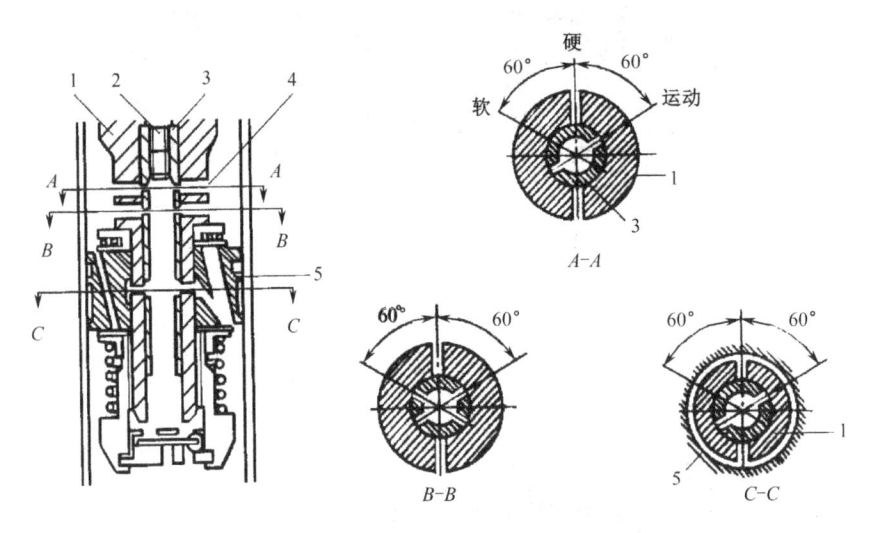

1-活塞杆；2-控制杆；3-回转阀；4-油孔；5-活塞

图 4.2.15　悬架阻尼的调节基本原理

4.3　电控悬架系统检修

【情境导入】

一辆日产公爵轿车行驶 60000km 后，车高降下后复位缓慢。自动车高调整装置的监视灯一次也没有亮过，而且车高下降后复位相当缓慢。应如何来排除此故障？电控悬架的检修维护步骤是怎样的呢？

【理论引导】

4.3.1　悬架系统检修过程中注意事项

1. 在检查悬架系统之前，必须确认汽车各轮胎的充气压力是否正常，车轮定位参数是否准确。

2. 当用千斤顶将汽车顶起时，把高度控制开关拨到 OFF 位置。如果在高度控制开关拨到 ON 位置的情况下顶起汽车，ECU 中则会记录一个故障代码。如果记录了故障代码，务必将其从存储器中清除掉。当将高度控制开关重新拨到 OFF 位置，会显示故障代码 71。当将开关重新拨到 ON 位置时，该代码被清除。

3. 在顶起或移动汽车之前，应至少打开一个车门或行李箱盖。如果受条件限制无法打开上述盖门，则需要断开蓄电池，以避免悬架系统出现异常的充放气，产生车身的运动。

4. 在开动汽车之前，应起动发动机将汽车的高度调整到正常状态。因为在维修时空气弹簧中的空气被放掉，车身高度变低，如果此时汽车起步，势必造成车身与悬架或轮胎相互碰撞。因此，维修后应首先启动发动机，用空气压缩机给空气弹簧气室输送压缩空气，使汽车高度恢复正常，这样汽车就可以正常行驶。

5. 前安全气囊碰撞传感器安装在空气压缩机和车身高度控制阀上面，除非必要时，不要触及这个传感器。若要触及，必须按照安全气囊维修中的说明，在维修前拆下前安全气囊碰撞传感器，避免影响安全气囊系统的正常工作。

6. 拆卸空气弹簧之前，应先通过电磁阀排出弹簧内的压缩空气。

4.3.2 电控悬架的基本检查

对电控悬架系统进行检修时，应先进行基本检查，以确认电控悬架的故障性质，避免将故障复杂化。基本检查的内容有：车身高度调整功能检查，减压阀检查，漏气检查和车身高度初始调整。

功能检查与调整内容如下。

1. 车身高度调整功能检查

（1）检查轮胎气压是否正确。

（2）检查汽车高度。

起动发动机，将高度控制开关从"NORM"位置切换到"HIGH"位置。检查电控悬架完成高度调整所需的时间和汽车车身高度的变化量。正常时，在升高过程中，从按下高度控制开关到压缩机启动时间约为 2s，从压缩机启动到完成高度调整大约需 20～40s，车高的调整范围为 10～30mm。在降低过程中，从按下高度控制开关到排气电磁阀打开时间约为 2s，从压缩机启动到完成高度调整大约需 20～40s，车高的调整范围为 10～30mm。若不正常，拧松车身高度传感器的两个锁紧螺母，转动螺栓以调节长度，每转一圈能使汽车车身高度改变大约 4mm。检查传感器连接杆的尺寸是否小于极限值（前端和后端均为 13mm），如图 4.3.1 所示。暂时拧紧两个锁紧螺母，复查车身高度。车身高度调整为正常后，以 4.4N·m 的拧紧力矩拧紧锁紧螺母。（注意拧紧螺母时应确保球节与托架平行。）

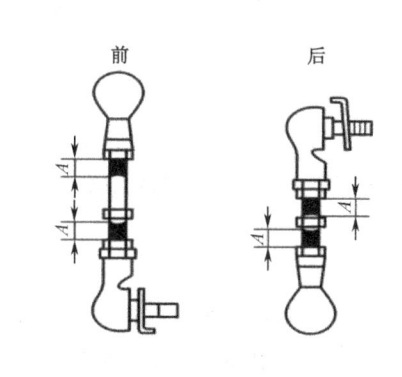

图 4.3.1 车身高度传感器连接尺寸的检查

2. 检查各管路有无压缩空气泄漏

步骤如下：

（1）将肥皂水涂在所有空气管路接头上。

（2）在压缩机连接器端子之间加 12V 电压，使压缩机运转，在空气管路中建立空气压力。

（3）检查空气管路接头处是否有气泡出现。

(4) 如果有气泡出现，则表明有漏气现象，此时，应进行必要的修理。

4.3.3 指示灯的检查

EMAS系统通过指示灯的状态可以检查相应的故障。当系统正常时，指示灯的状态如下：

(1) 打开点火开关，仪表盘上的LRC指示灯和高度控制指示灯均应点亮2s左右，然后熄灭。

(2) 将LRC开关置于"运动（SPORT）"位置，此时仪表盘上的LRC指示灯应常亮；将LRC开关置于"正常（NORM）"位置，LRC指示灯应亮2s左右，然后熄灭。

(3) 将高度控制开关置于"NORM"位置，仪表盘上高度控制指示灯中的"NORM"应亮，"HI"应不亮；将高度控制开关置于"HIGH"位置，高度控制指示灯中"HI"应亮，"NORM"应不亮。

如果指示灯不能按上述要求正常亮就说明悬架系统电路有故障。

4.3.4 悬架的检修

1. 悬架进入自诊断的方法

当需要调取故障代码时，需要读取ECU随机储存的故障代码，就要进入自诊断。但由于汽车生产厂家不同，进入自诊断的方法也有所不同，目前归纳起来主要有以下几种。

(1) 专用诊断开关法

有的汽车上设置有"按钮式诊断开关"，或在控制装置（悬架ECU）上设置有"旋钮式诊断模式选择开关"，按下或旋转这些诊断开关，即可以进入故障自诊断测试状态，进行故障码读取。

(2) 空调面板法

在林肯大陆和凯迪拉克等轿车中，空调面板上的相关控制开关可兼用作故障诊断开关。一般将空调面板上的"WARM（加温）"和"OFF（关闭）"开关同时按下，可以进入故障自诊断。

(3) 点火开关法

美国克莱斯勒汽车公司生产的电子控制悬架系统采用点火开关法，即在规定时间内将点火开关进行"ON-OFF-ON-OFF-ON"循环一次，可以进入故障自诊断状态。

(4) 加速踏板法

有的汽车在固定时间内连续踩加速踏板一定的次数，可以进入故障自诊断状态。

(5) 诊断仪（解码器）

各汽车电子控制系统均配备有专用的微机故障检测仪，将此仪器与汽车电子控制系统故障检查插接器相连接，便可以直接进入故障自诊断测试状态以及读取故障码。

2. 悬架案例分析

故障现象：一辆日产公爵轿车行驶60000km后，自动车高调整装置的监视灯一次也没有亮过，而且车高下降后复位相当缓慢。

故障检修：就车高而言，目前状态与其他正常车没有任何差别。这辆车的车高调整装置电路如图4.3.2所示。

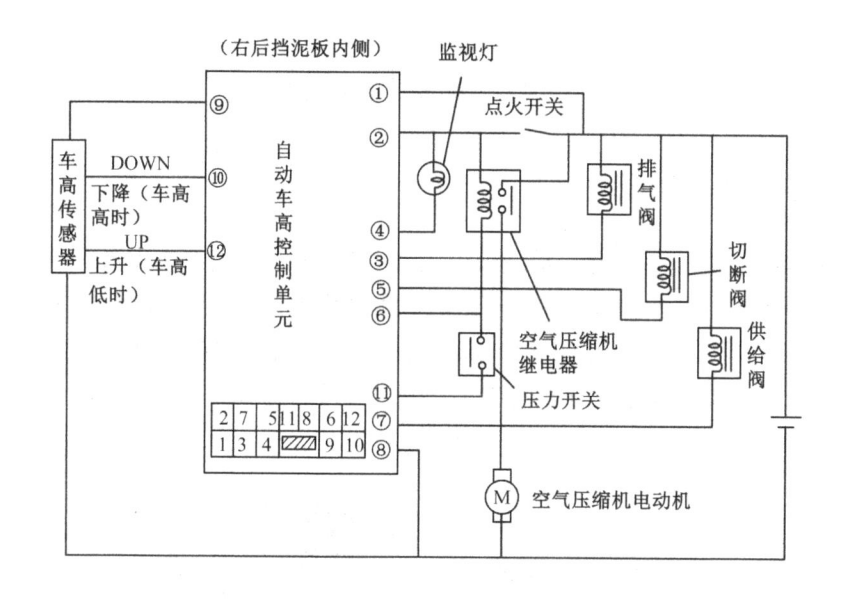

图 4.3.2 车高调整装置电路

首先合上点火开关，车高调整装置监视灯不亮。仔细一看，表板上的监视灯缺一个灯，这个灯之所以总是不亮是因为灯泡被拆除了。安装上灯泡后监视灯亮了。令3个人乘坐后观察车辆高度，车高确实已经降下去了，但一点也不上升复位。用手按压后轮减振器上部的空气室，虽然有空气压力，但明显感到压力小。在合上点火的同时，调整车高用的空气压缩机已动作，各个空气管路也没有漏气。拆下车高传感器，在空车状态下，用手扳动传感器，确实有车高过低的信号，实际车子的高度也往上升。然后把传感器置于中位，车子高度马上下降。拆下排气阀的配线，重做上述实验，这次车高维持不变。这种现象是排气阀经常处于通电状态下特有的。排气阀经常处于通电状态，是因为车高传感器有问题。

于是检查传感器，用万能表检测车高传感器的输出信号，如图4.3.3所示，把传感器的12号端子传感器位置从A向B移动，其基准电压应该在4V以上变化，从A向C移动，其基准应该电压从4V以上变到0.4V以下，将10号端子传感器从A向B移动，其基准应该电压在0.4V以上变化，A向C移动，其基准应该电压在0.4V以下变化。可在实践检测时这辆车的10号端子电压

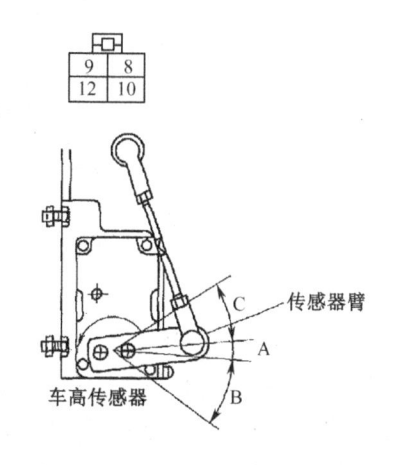

图 4.3.3 日产公爵轿车的车高传感器

始终维持在 5.75~6.34V 之间，也就是"车高过低"的信号正常，而"车高过高"的信号总是有输出，因此排气阀经常处于打开状态，监视灯常亮不灭。更换一个车高传感器，故障症状随即消失。

4.4 电磁减震器

4.4.1 电磁减震器的概述

电磁减震器（Electromagnetic Absorber）是利用电磁反应原理做成的一种新型的智能化系统，而且是一种可选装的配置。它能将相应传感器检测到的路面状况和车辆的行驶工况传输给电子控制单元（ECU）EW，经过计算分析处理后，控制电磁减震器瞬间做出反应，抑制振动，保持车身稳定，特别是在车速很高、突遇障碍物时更能显出它的优势。电磁减震器及其控制面板如图 4.4.1 所示。

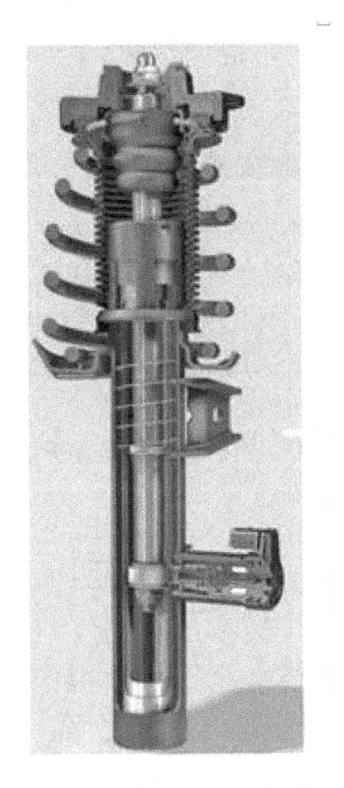

图 4.4.1 电磁减震器及其控制面板

电磁减震器是一种连续的自适应系统，它能在几毫秒内调整减震器的阻尼力大小，使其更加适应路面情况和驾驶员的操纵情况。减震器内采用的不是普通油，而是一种称为电磁液的特殊液体，它是由合成碳氢化合物以及 3~10μm 大小的磁性颗粒组成的。一旦 ECU 发出脉冲信号，线圈内便会产生电压，从而形成一个磁场，改变粒子的排列方式。这些粒子马上会按垂直于压力的方向排列，阻碍油在活塞通道内的流动，从而提高阻尼系数。

电磁减震器与传统的减震器相比，在舒适模式下，减震器油较黏稠，吸震效果较显著。电磁减震器的反应速度高达 1000 Hz，比传统减震器快 5 倍，并能适应变化的行驶工况和任意路面，即使是在最颠簸的路面，电磁减震器也能保证平稳行驶。这种模式适合普通道路行驶，而在运动模式下，减震器会直率地传递道路表面的状况。

4.4.2 电磁减震器类型（开发企业不同）

目前国内比较有名的磁流变减震器为 Magneride 系统，原为德尔福开发，后被 BWI（京西重工）收购。这套系统在多款运动和豪华车型上被采用，其"第二代系统"已经在法拉利（599 GTB Fiorano、California 和 458 Italia）和奥迪（TT、R8 和 A5）上采用，克尔维特 ZR-1 和凯迪拉克 CTS-V 也搭载有该系统。豪华车型中，大众辉腾、凯迪拉克 STS 等也采用这套系统，只是各自的命名有所不同。而路虎揽胜极光采用的是 BWI 提供的第三代 Magneride 系统，也是采用第三代系统的首款车型，它率先在减震器活塞上安装了 2 个电磁线圈而不是之前的 1 个，第三代系统在关闭磁场和截断电流的时间上缩短了一半。而 2 个电磁线圈的引入也让减震器工作范围更大，最硬和最软的悬架极限更广，舒适性大大提升。

日本日立制作所研制的电磁减震器是由传感器、电子控制单元（ECU）、圆筒型线性电动机和弹簧液压减震器四部分组成的有源悬架系统。系统中的传感器包括加速度传感器和悬架行程传感器。加速度传感器用来检测路面凹凸不平的程度，输送给电子控制单元（ECU），发出指令控制线性电动机产生与减震器运动方向完全相反的反作用力运动行程，从而减轻车辆的上下振动。悬挂行程传感器用来检测减震器的实际运动行程，然后反馈给电子控制单元（ECU）适时修正线性电动机的反作用力的运动行程。目前，该电磁减震器已经被安装在 SUV（Sports Utility Vehicles）运动型多用途车上，并进行了实验，获得了大量的实际行驶数据。

4.4.3 电磁减震器的应用

目前电磁减震器在很多汽车产品的介绍中都作为一项高级配置来宣传，或者作为高端选装件，如在时下热门豪华 SUV 车型路虎极光、奥迪 R8、TT 和超级跑车法拉利上。那它和电子控制空气和油气悬架相比又有什么好处呢？为什么很多高端车要选择它呢？现在很多的汽车制造企业使用复杂的电子控制装置，通过调节减震器活塞上节流孔的节流面积的大小来调节阻尼，这种机械调节方式，反应速度受到制约，相对电磁减震要慢。如上海通用新君越搭载的 CDC 主动系统，由 ZF 提供，可自动调整减震器阻尼，但不提供模式选择。自主品牌的瑞麒 G6 上也搭载 CDC 系统，提供运动、舒适、自动三种驾驶模式。

为了减少油耗，增加汽车的耐腐蚀性以及增加车辆的轻量化，奥迪在 20 世纪 80 年代首先应用了全铝车身。现在，奥迪在量产车上使用的新技术比比皆是。电磁减震器的结构如图 4.4.2 所示。下面以奥迪 TT 跑车上应用的电磁减震器为例来说明其工作原理。

该减震器活塞上绕有电磁线圈，当电磁线圈中无电流通过时，活塞内 4 个微型通道中的电磁液未被磁化,不规则排列的磁性颗粒呈均匀分布状态,产生的阻尼力与普通减振油相同;一旦控制单元发出脉冲信号,线圈内便会产生电压,从而形成一个磁场,并改变粒子的排列方式。这些粒子马上会按垂直于活塞运动的方向排列,阻碍电磁液在活塞微型通道内流动,从而提高阻尼效果。活塞线圈中输入的电流强度越大,形成的磁场强度越强,磁性颗粒被磁化的程度越好,产生的阻尼力就越大。由此可见,电磁液产生阻尼力的大小随输入电流强度的大小而变化。电子控制单元(ECU)完全可以根据道路状况和载荷情况,通过适时准确地控制输入活塞线圈的电流强度,精确地控制减震器的减振性能,以达到舒适性和运动性完美统一的最佳效果,即使是在最颠簸的路面,也能保证车辆平稳行驶。车载 ECU 可在 1s 内让减震器的阻力和减振力连续改变 1000 次,与单独使用弹簧液压减震器相比,既可提高响应速度,又可提高舒适性,堪称全球动作最快、最先进的智能悬挂系统。

最新研发的"奥迪电磁减震系统"提供"常规"和"运动"两阶段阻尼调整模式,可调的阻尼模式能够适应不同驾驶风格及多种路况要求。相比传统的减震器,奥迪磁性减震器动作要快得多。在基本的舒适模式下,减震器油较黏稠,吸震效果较显著。这种模式特别适合长距离驾驶或者在不平道路上行驶。在运动模式下,减震器油较稀薄,可以展现奥迪 TT 极致的动感特性,直率地传递道路表面的状况。一般设在普通模式,驾驶员也可通过中控板上的按钮激活运动模式。这两种模式能给驾驶者带来迥然不同的驾驶感受。电磁减震器系统在汽车中的布置如图 4.4.3。

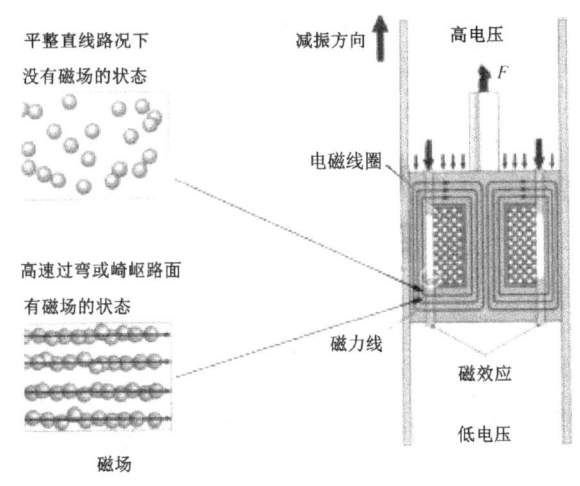

图 4.4.2　电磁减震器的结构　　　　图 4.4.3　电磁减震器系统布置

4.4.4　电磁减震器的特点

1. 以磁代油,以电磁场瞬时消能减震代替油摩擦滞时消能减震,本质上解决了传统减震器漏油失效的困境。

2. 根据路况,自动调整阻尼,以减少车身晃动和倾斜,满足舒适性和平稳性。

3. 以震消震,利用震动能量驱动磁场产生电磁场,形成最优磁阻尼,达到平稳消能吸震的目的。

4. 电磁场工作区间呈悬浮状态，关键部件采用耐磨、耐蚀、高强度的特殊材质制造，正常使用寿命是传统油压减震器的 3 倍以上。

5. 减震效果好，延长了变速箱、车轮、转向器、轮胎等部件及整车的使用寿命。

6. 紧急制动时，瞬时产生的震动能量可通过电磁场的能量转化迅速消耗掉，控制轮胎紧贴路面，明显提高制动效率，急刹时稳定性好，驾乘更安全。

【任务实施】

任务工单

任务名称	电控悬架的检修	实训设备	雷克萨斯 LS400 轿车实训台、常用拆装工具、多媒体设备
任务目标	掌握雷克萨斯 LS400 型电控悬架系统的使用方法及注意事项，查看电控悬架系统的总体结构及工作过程。			
知识准备	1. 电控悬架的主要作用是_____和_____。 2. 汽车电控悬架系统系统的执行机构有_____、_____和_____，可调节弹簧的刚度和车身高度和减振器的阻尼系数。 3. 汽车电控空气悬架由_____、_____和_____组成。 4. 按工作原理划分，常用的车身高度传感器有_____、_____和_____等。 5. 汽车全主动电控悬架的功能有_____、_____和_____组成。 6. 电子控制悬架系统按传力介质不同可分为_____和_____。 7. 电控悬架的控制开关有哪些？ 8. 电控悬架维修的注意事项有哪些？			
任务计划	根据任务要求，确定所需要的检测仪器、工具、并对小组成员进行合理分工，制订拆装计划。 1. 需要的检测仪器、工具和设备。			

任务计划	2．小组成员分工。
任务实施	分组实车操作：观看电控悬架系统的组成及工作情况，以便对电控悬架有一个直观、整体的初步认识。 1．空气压缩机由＿＿＿＿＿＿和＿＿＿＿＿＿组成。 2．电控悬架系统可根据不同的行驶条件来控制、调节及调整，从而使车辆的操作稳定性和平顺性在各种工况条件下保持最佳。 3．电控悬架根据其是否为有源控制，可分为＿＿＿＿＿＿和＿＿＿＿＿＿两大类。 4．常用的车身高度传感器主要有＿＿＿＿＿、＿＿＿＿＿、＿＿＿＿＿等。 5．电控悬架的指示灯有＿＿＿＿＿和＿＿＿＿＿。 6．汽车电控悬架的传感器有＿＿＿＿、＿＿＿＿、＿＿＿＿和＿＿＿＿等。 7．实验及拆装中遇到的问题及解决方法。
检查与评估	测试题： 1．对照电控悬架的实物、模型或图片说明电控悬架的基本组成。 2．操纵模式悬架开关和高度控制开关，描述电控悬架的功能。 （一）填空 1．电子控制悬架系统的功能有＿＿＿＿＿＿和＿＿＿＿＿＿。 2．电子控制悬架系统应用的传感器有＿＿＿＿＿和＿＿＿＿＿等。 3．电控悬架的作用是提高舒适性和＿＿＿＿＿＿。 4．电子控制悬架系统按传力介质不同可以分为＿＿＿＿＿和＿＿＿＿＿。 （二）判断题 1．装有电子控制悬架系统的汽车无论车辆的负载多少都可以保持汽车高度一定，车身保持水平。（　） 2．装有电控悬架的汽车在高速行驶时车身会变高、悬挂变硬。（　） 3．在电控悬架系统中，方向盘转角传感器的作用是检测方向盘转动的方向、角度及速率。（　） 4．电控制悬架系统是通过改变主副气室之间通道的大小来改变弹簧刚度的。（　） （三）选择题 1．汽车电控悬架的英文缩写是（　）。 　A、SRS　　　B、ACC　　　C、TCS　　　D、TEMS 2．在模式选择开关中，表示自动、标准运动模式的是（　）。 　A、Auto Normal　B、Auto Sprot　C、Manu Normal　D、Manu Sprot 3．电磁减振器是通过调节（　）来改变阻尼的。 　A、电流强度　　　　　　B、节流孔的节流面积 　C、磁场强度　　　　　　D、主、副气室之间通道大小 4．目前汽车上装的空气悬架的主要作用是（　） 　A、改变车身高度　B、改变弹簧刚度　C、改变阻尼　D、以上说法都正确

检查与评估	（四）简答题 1. 汽车电子控制空气悬架系统的工作原理是怎样的？ 2. 电子控制悬架系统的功能有哪些？ 3. 电控空气悬架是如何调节弹簧刚度的？ 4. 电磁减震器的特点与传统的电控悬架系统减震器的区别是什么？
任务拓展	以路虎车型为例，了解电控悬架系统的结构及组成。

第 5 章

电控动力转向系统

【本章学习目标】

了解电控动力转向系统的组成、特点及优点；了解汽车故障的规律。

掌握电控动力转向系统的工作原理，并能够进行电路分析。

掌握电控动力转向系统的检测方法和检测步骤，并能进行正确操作。

5.1 电控动力转向系统概述

【情境导入】

小李想买一辆 2013 款的雪弗兰科鲁兹，但又听说有液压式助力和电动式助力之分。都是助力，到底哪一种好呢？你能帮他回答吗？

【理论引导】

动力转向系统对于大多数车主和汽车爱好者来说，已经不是新鲜的名词。动力转向可以使转向轻便、灵活，尤其是进行原地转向、挪车入库等低车速大幅转向操作时，更能充分显示其优越性。因此，动力转向已成为大多数中高档轿车的标准配置。

电控动力转向系统是在原先液压动力转向系统的基础上，增加了传感器、电子控制单元（ECU）和执行器（电磁阀）等所组成的系统。根据转向助力源不同可分为液压式电控动力转向和电动式电控动力转向系统。

1. 电控液压式动力转向系统（EHPS）

电控液压式动力转向系统是在传统液压动力转向系统的基础上增加了电控装置。按其结构方式的不同可分为流量控制式、反力控制式和阀灵敏度控制式三种。现在以日本蓝鸟轿车为例，简单说明流量控制式电控动力转向系统的工作原理。

（1）电控装置的组成与工作原理

流量式电控单元动力转向系统的主要电控装置包括：旁通流量式控制阀、车速传感器、转向器转向角传感器、电控单元、控制开关等。在转向液压泵与转向器之间设有旁通管路，在旁通管路中设有旁通流量控制阀，电控单元根据车速传感器控制开关和转向角传感器输入信号，控制旁通流量控制阀的开度，改变旁通管路中的液压流量，从而调整流向转向的液压油量，改变转向助力的大小。

（2）旁通流量控制阀的结构与工作原理

旁通流量控制阀在阀体内装有主滑阀和稳压滑阀，主滑阀的右端与电磁线圈柱塞连接，主滑阀的开度随电磁线圈的推力成正比变化，从而改变主滑阀左端流量主孔的开口面积，调整调节螺钉可以调节旁通流量大小。稳压阀滑的作用是保持流量主孔前后压差的稳定，以使旁通流量与流量主孔的开口面积成正比。当因转向负荷变化而使流量主孔前后压差偏离设定值时，稳压滑阀阀心将在其左侧弹簧张力和右侧高压油压力的作用下发生滑移。如果压差大于设定值，则阀心左移，使节流孔开口面积减小，流入到阀内的液压油量增多，前后压差增大。流量主孔前后压差的稳定，保证了旁通流量的大小只与主滑阀控制的流量主孔的开口面积有关。

2. 电控电动式动力转向系统（EPS）

电控电动式动力转向系统按转向助力提供的位置不同可以分为齿条助力式、转向轴助力式或者齿轮助力式三种，如图 5.1.1 所示。所有三种电控动力转向系统都有一个齿条齿轮转向器。在齿条助力式电控动力转向系统中，用连接到转向器齿条上的电动机来提供辅助的扭矩。转向轴助力式电控动力转向系统的辅助电动机连接在转向管柱内的转向轴上，而齿轮助力式电控动力转向系统的电动机连接在转向器驱动齿轮上。电控动力转向系统与液压助力转向系统相比，由于没有转向泵和软管，所以不仅质量轻，而且结构紧密。由于电控电动式动力转向系统是一种直接依靠电动机提供辅助转矩的系统，所以该系统仅需要控制电动机电流的方向和幅值，不需要复杂的控制机。另外，该系统由于利用电脑控制，因此为转向特性的设置提供了较高的自由度（相比电控液压式），同时还降低了成本和重量。而且电控电动式动力转向系统有极好的推广性，可以直接应用于电动汽车。

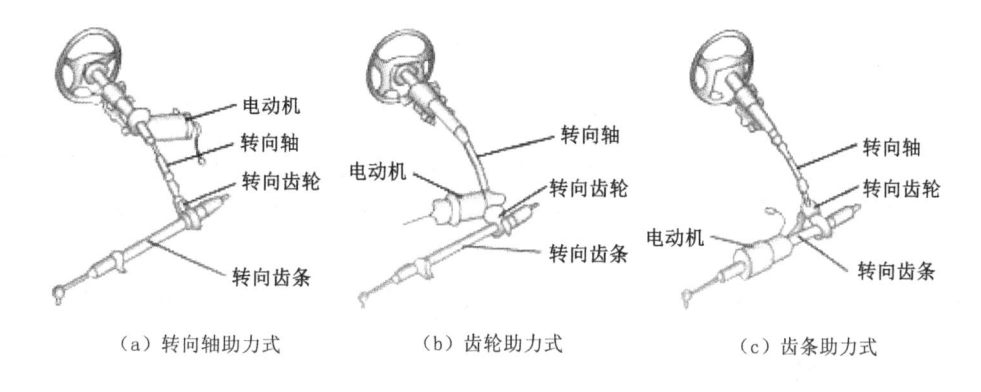

（a）转向轴助力式　　（b）齿轮助力式　　（c）齿条助力式

图 5.1.1　电控电动式动力转向系统的分类

EPS 系统与机械动力转向系统相比的主要特点如下：

（1）整车布置方便。由于系统构成简单，并采用模块化设计，省去了液压动力转向系统中助力泵、液压管路和储液罐等，因而使整车布置简单易行。

（2）燃油经济性好。由于取消了由发动机驱动的助力泵，减少了功率损失，提高了燃油经济性。

（3）良好的操控性能。由于实现了"可变动力转向"，使车辆操作平顺，易于控制。不依赖发动机提供动力，可以在车辆熄火的情况下依然提供助力。

（4）良好的路感。由于路面反馈力同样作用于扭力和位置传感器，因此在电控单元的控制下，既可有细腻、真实的路感，又可对冲击性的危险性路感进行缓冲和屏蔽。

（5）推广性好，可直接应用于电动汽车。

当然，电动式动力转向也由存在不足之处：

（1）成本较高。由于电动式动力转向是一项新技术，液压动力转向已非常成熟，因此，电动式动力转向系统成本相对较高。

（2）应用范围小。用于重型车辆的电动式动力转向系统需要大尺寸的直流电机和更大的驱动电流，这一技术问题尚未解决。因此电动式动力转向系统主要应用于轿车等轻型车辆。

5.2 电控电动式动力转向系统的组成及工作原理

【情境导入】

一辆 2006 款的锐志乘用车，在行驶过程中发现转向异常沉重，同时 P/S 灯点亮。这是动力转向系统的常见故障，应如何进行维护诊断？要进行诊断维护我们必须知道 EPS 的组成和工作原理。

【理论引导】

5.2.1 EPS 的组成

电控动力转向系统是直接依靠电动机提供辅助扭矩的电动助力式转向系统。只要电动机将电能转化成动能，再结合电脑进行控制，就可以根据不同的转向情况提供合适的转向助力。

EPS 通常是在机械式转向系统的基础上加装转向转矩传感器、车速传感器、电子控制单元（ECU）、直流电机等装置，其组成如图 5.2.1 所示。电动式动力转向系统的助力源为电动机，电控单元根据车速和转向转矩等参数，控制电动机的工作，实现助力转向的作用。

1. 转矩传感器

转矩传感器用于测定方向盘与转向器之间的转向力矩。其原理是当转向轴转向时，产生扭转变形，扭转角与转矩成正比，测定扭转角，得到转矩。下面以无触点式转矩传感器的结构及原理为例来说明。无触点式转矩传感器的结构如图 5.2.2 所示。

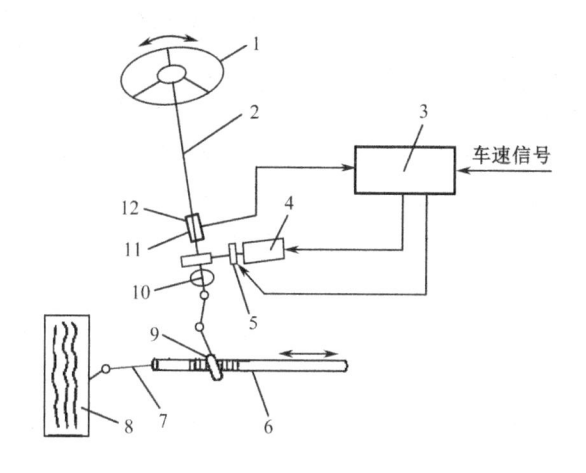

1-转向盘；2-输入轴；3-ECU；4-电动机；5-电磁离合器；6-转向齿条；7-横拉杆；
8-转向轮；9-输出轴；10-扭力杆；11-转矩传感器；12-转向齿轮

图 5.2.1　电动式 EPS 的组成

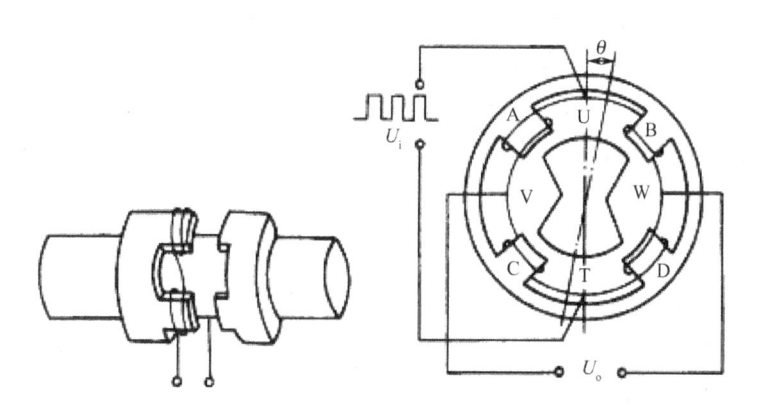

图 5.2.2　无触点式转矩传感器的结构

其工作原理是：当转向盘处于中间位置（直驶）时，扭力杆的纵向对称面正好处于图 5.2.2 所示输出轴极靴 AC、BD 的对称面上，当在 U、T 两端加上连续的输入脉冲电压信号 U_i 时，由于通过每个极靴的磁通量相等，所以在 V、W 两端检测到的输出电压信号 U_o=0；当转动转向盘时，由于扭力杆和输出轴极靴之间发生相对扭转变形，极靴 A、D 之间的磁阻增加，B、C 之间的磁阻减少，各个极靴的磁通量发生变化，于是在 V、W 之间就出现了电位差。其电位与扭力杆的扭转角和输入电压 U_i 成正比。所以，通过测量 V、W 两端的电位差就可以测量扭力杆的扭转角，即可得出转向盘上施加的转矩大小。

2．车速传感器

车速传感器监测车速的变化情况，其工作原理已在 ABS 中介绍。

3. 直流电动机

直流电动机的原理与交流电动机基本相同，汽车中的直流电动机通常为永磁式直流电动机。电动机的输出转矩是通过其输入电流的变化来控制的，而电动机的正转和反转则是由 ECU 输出的正反转触脉冲控制的。如图 5.2.3 所示，a_1、a_2 为电动机正反转信号触发端，当 a_1 端有触发信号输入时，三极管 VT_3 导通，三极管 VT_2 得到基极电流也导通，电流经三极管 VT_2、电动机 M、三极管 VT_3 到搭铁，电动机正转。当 a_2 端有触发信号输入时，三极管 VT_4 导通，三极管 VT_1 得到基极电流也导通，电流经三极管 VT_1、电动机 M、三极管 VT_4 到搭铁，电动机反转。电动机的电流大小可由触发信号电流的大小控制。

4. 电磁离合器

电控动力转向系统一般都有一定的工作范围，如果超过设定车速（如 45km/h），就不需要电动机辅助动力转向，此时电动机停止工作，且与电磁离合器分离，不再传递动力。在不传递动力的情况下，离合器可以消除电动机惯性的影响。同时，在电控系统发生故障时，因离合器分离，可以恢复手动控制转向。

电磁离合器通常采用干式单片电磁离合器，其结构如图 5.2.4 所示。装在电动机输出轴上的主动轮内装有电磁线圈，通过滑环引入电流。当离合器通电时，电磁线圈产生的电磁力使压板与主动轮端面压紧。于是电动机的动力经主动轮、压板、花键、从动轴传递给减速机构。此时电动机具有助力作用；反之，离合器分离，助力作用被切断。为了减少加与不加助力时驾驶车辆感觉的差别，设法使离合器具有滞后输出特性，同时还使其具有半离合状态区域。

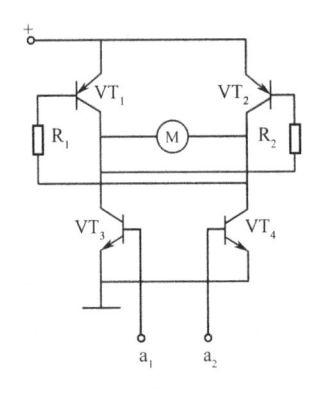

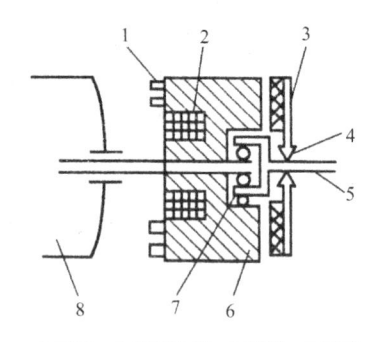

1-滑环；2-电磁线圈；3-压板；4-花键；
5-从动轴；6-主动轴；7-球轴承

图 5.2.3　电动机正反转控制　　　　图 5.2.4　电磁离合器

5. 减速机构

减速机构的作用是减速增扭，最后将动力传给转向轴，然后再通过其他部件传给转向轮，以实现转向助力。EPS 的减速机构有多种组合方式，一般采用蜗轮蜗杆传动与转向轴驱动组合的方式，也有采用两级行星齿轮传动与传动齿轮驱动组合的方式。为了抑制噪声和提高耐久性，减速机构中的齿轮有的采用特殊齿形，有的采用树脂材料制成。

5.2.2 EPS 的工作原理

当驾驶员操纵转向盘时，转矩传感器根据输入转向力矩的大小产生相应的电压信号。EPS 就可以检测出操纵力的大小，此时结合车速传感器产生的脉冲信号又可测出车速，然后控制电动机的电流大小，就可形成适当的转向助力。

EPS 控制电路如图 5.2.5 所示。主传感器和辅助传感器的转矩及电动机的电压信号与电动机的电流信号通过 A/D 转换器输入到 CPU 中，而车速信号、发动机转速、蓄电池电压、起动机开关的通断状态、交流发电机的 L 端子电压则通过接口电路输入到 CPU 中。

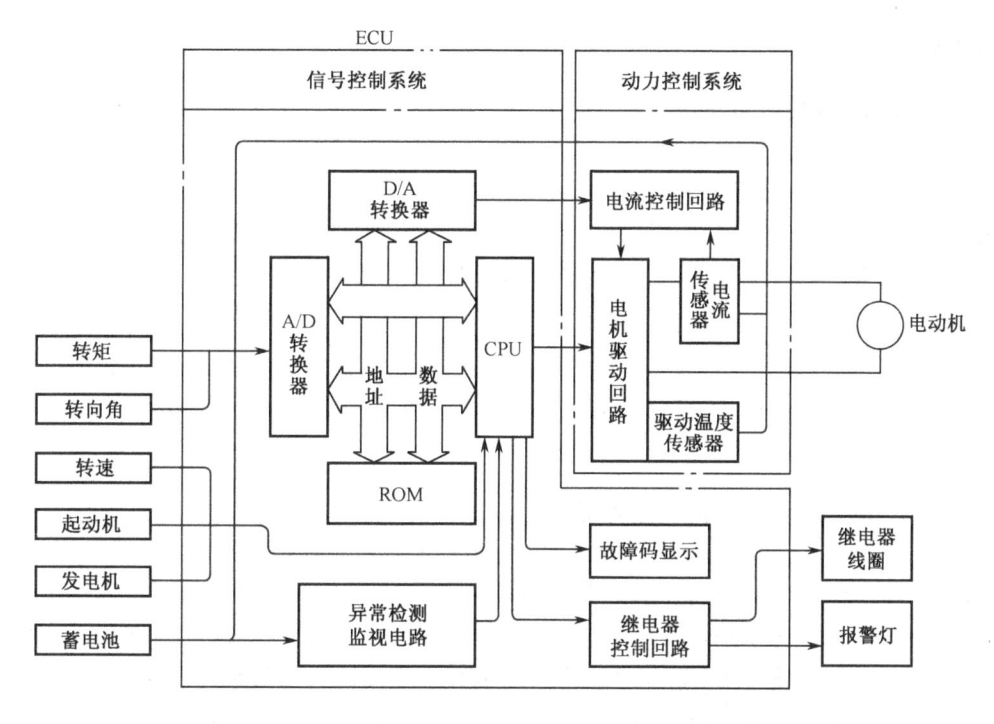

图 5.2.5　EPS 控制电路

转矩信号通过 A/D 转换器输入到 CPU 后，CPU 根据车速范围按照规定的转矩与电动机的电流变换值确定出电动机的电流指令值，把电流指令值输入到 D/A 转换器转换成模拟信号，然后输入到控制电路中去。同时，CPU 还输出电动机的旋转方向指示信号，这个信号输入电动机的驱动电路后，便控制了电动机的旋转方向和电流大小。

电流控制电路把上述已成为模拟信号的电流指令与电动机的实际电流进行比较之后，产生与二者幅度相同的斩波信号。驱动电路收到斩波信号与旋转方向指示信号之后，则输出指令，驱动回路电路，控制电动机的电流，使其按规定的方向旋转。当车速达到设定车速以上时，系统将自动切断转向助力变为常规转向系统；当系统发生故障时，保险功能将自动切断电动机及电磁离合器电流，使系统变为常规转向系统，同时点亮位于速度表内的 EPS 报警灯。

5.3 四轮转向控制系统

【情境导入】

四轮转向（4 Wheel Steering，4WS）系统的功能是，除了传统的以前轮为转向轮，汽车在转向时，后轮可相对于车身主动转向，使汽车的四个车轮都能起转向作用，以改善汽车的转向机动性、操纵稳定性和行驶安全性。

【理论引导】

5.3.1 四轮转向系统的发展

四轮转向系统于20世纪80年代中期开始发展，其主要目的是提高汽车在高速行驶或在侧向风力作用时的操作稳定性，改善在低速下的操纵轻便性，以及减小在停车场时的转弯半径。四轮转向主要有两种方式：当后轮转向与前轮转向方向相同时称为同向位转向；当后轮转向与前轮转向方向相反时称为逆向位转向。随着对4WS这一领域研究的不断深入，出现了多种不同结构形式、不同控制方案的实用4WS系统。按照控制和驱动后轮转向机构的方式不同，4WS系统可分为机械式、液压式、电控机械式、电控液压式和电控电动式等几种类型。

5.3.2 四轮转向控制系统的基本概念

4WS汽车是依靠后轮和前轮共同完成转向任务的。当汽车低速转弯时产生内轮差，导致后轮卷入与转向半径增加，而且当超过一定车速转向时，为了与离心力相平衡，在轮胎处产生横向偏离角，这就使车身横向偏离角发生变化。转向特性随车速、转向角度、路面状态的变化而变化，车速越高，操纵稳定性越差，电控四轮转向系统可以根据情况，显著提高车辆的转向性能。

所以四轮转向的作用是在低速行驶时依靠逆向转向（前轮与后轮转角方向相反）改善汽车的操作性，获得较小的转向半径，在中高速行驶时依靠同向转向（前轮与后轮的转角方向相同），减小汽车的横摆运动，提高车道变更和曲线行驶的操纵稳定性。

5.3.3 电控电动式4WS系统的发展概况

从20世纪80年代初，日本政府颁发第一个关于四轮转向的专利证书开始，对于汽车四轮转向技术的研究一直伴随着汽车工业的发展而进行着。1985年，日产公司在客车上应用了世界上第一例实用的4WS系统，开始了现代4WS系统的研究与开发。在技术相对成熟的4WS汽车中，大多数采用电控液压式4WS系统，主要用于前轮采用液压动力转向的4WS汽车中，这种4WS系统具有工作压力大、工作平稳可靠等优点。但由于液压动力系统在结构、系统布置、密封性、能耗、效率等方面的不足,尤其是在转向过程中存在着响应滞后的固有缺陷,使得电控液压式 4WS 系统在适应现代 4WS 汽车的转向灵敏性和准确性方面受到了束缚,不能满足汽车高速行驶稳定性的要求。1988 年 3 月,日本铃木公司开发出电控电动式助力转向系统,首次装备在 CERVO 车上,有效地克服了液压动力转向系统的缺点。在 EPS 技术的基础上,电控电动式 4WS 系统应运而生。1992 年,在本田公司的汽车上采用了电控电动式 4WS 系统。1993 年,在日产全新的 LAUREL 车系上也开始采用电控电动式的 4WS 系统。电控电动式 4WS 系统的特点是结构简单、布置容易、控制效果好。

5.3.4 电控四轮转向系统的特性

1. 4WS 汽车低速四轮转向特性

如图 5.3.1 所示为低速转向行驶轨迹,2WS 汽车的情况是后轮不转向,所以转向中心大致在后轴的延长线上。4WS 汽车的情况是对后轮进行逆向操纵,转向中心比 2WS 汽车靠近车体处。在低速转向时,若两前轮转向角相同,则 4WS 汽车的转向半径更小,内轮差也小,转向性能好。对小轿车而言,如果后轮逆向转向 5 度,则可以使最小转向半径减小 0.5m,内轮差减小约 0.1m。

2. 4WS 中高速转向特性

直线行驶的汽车转向是以下两个运动的合成运动:汽车质心绕转向中心的公转和汽车绕质心的自转。如图 5.3.2(a)所示为 2WS 汽车中高速转向时车辆的运动状态:前轮转向时,前轮产生侧偏角 α,并产生旋转向心力使车体开始自转,当车体出现自转时,后轮产生侧偏角 β 和旋转向心力,车速越高,离心力越大,所以必须给前轮更大的侧偏角,使它产生更大的旋转向心力;与此同时,后轮也产生与此相应的侧偏角,车体的自转趋势更加严重。也就是说,车速越高,转向时容易引起车辆的旋转和侧滑。理想的高速转向运动状态是尽可能使车体的倾向和前进方向一致,从而使后轮产生足够的旋转向心力。图 5.3.2(b)所示的 4WS 汽车通过对后轮同向转向操纵,使后轮也产生侧偏角,使它与前轮的旋转向心力相平衡,从而抑制自转运动,得到车体方向和车辆前进方向一致的稳定转向状态。

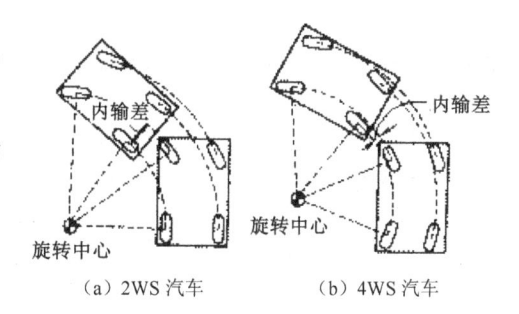

图 5.3.1 4WS 汽车低速四轮转向特性

所以,与普通的 2WS 汽车相比,电控电动式 4WS 汽车具有如下特性:

(1) 转向操作的响应加快,准确性高。

(2) 转向操作的轻便性和行驶稳定性高。低速时,转弯半径小,转向操作的机动灵活性提高(见图 5.3.2)。超车时,变换车道更容易,减小了汽车产生摆尾和侧滑的可能性。抗侧向干扰的稳定性效果好。

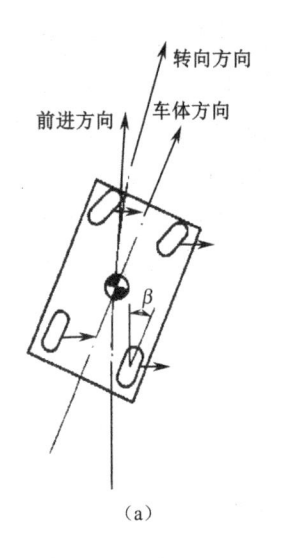

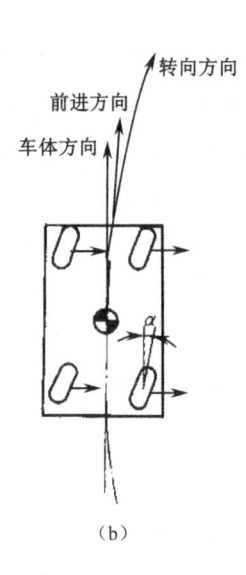

图 5.3.2　4WS 中高速转向特性

5.3.5　电控四轮转向系统的组成

电控电动式 4WS 系统是指采用电子控制、电机助力的 4WS 系统，前、后轮转向系统之间没有任何机械连接及油管连接装置，结构上相互独立。

电控电动式四轮转向系统主要由主转向角度传感器、副前轮转角传感器、主后轮转角传感器、副后轮转角传感器、后轮速度传感器、车速传感器、后轮转向执行器等部件组成。

1. 主转向角度传感器一般安装在组合开关下方的转向柱上，主转向角度传感器内装有转动速度传感器和转向盘方向传感器。控制单元依靠方向传感器传来的信号确定方向盘的转动方向和速率。

2. 副前轮转角传感器安装在前齿轮齿条转向器内，控制单元依靠副前轮转向传感器得到前转向角的相关信号。

3. 主后轮转角传感器位于后轮转向执行器的左侧。此传感器中含有一个随循环球螺杆旋转的脉冲环。一只电子传感器直接安装在脉冲环上部。当循环球螺杆与脉冲环旋转时，这个传感器向控制单元发出电压信号，系统显示后轮转角。

4. 副后轮转角传感器安装在后轮转向执行器上，与主后轮转角传感器相反的一端。控制单元依靠副后轮转角传感器可以得到后轮转角的相关信号。

5. 后轮速度传感器也就是 ABS 系统的轮速传感器。控制单元依靠后轮速度传感器可以得到后轮的转动速度。

6. 车速传感器。一般安装在自动变速器的输出轴上，用来检测汽车的行驶速度。

7. 后轮转向执行器可以与电动转向器相似，转向执行器通过拉杆与后轮转向臂和转向节相连。执行器包含一个通过球螺杆机构驱动转向齿条的电动机。执行器内有回位弹簧，在点火开关关闭时或四轮转向系统失效时它将后轮推回到直线行驶位置。执行器的顶端装有一个主后轮转角传感器和一个副后轮转角传感器。

5.3.6 电控四轮转向系统的工作原理

转向时，传感器将前轮转向的信号和汽车运动的信号送入 ECU，ECU 进行分析计算，向步进电动机输出驱动信号，通过后轮转向机构控制驱动后轮偏转。同时 ECU 实时监视汽车状况，计算目标转向角与后轮实际转向角之间的差值，来实时调整后轮的转角。这样可以根据汽车的实际运动状态，实现汽车的四轮转向。

有的电控四轮转向系统可设有两种转向模式，既可进入 4WS 状态，也可保持传统的 2WS 状态，驾驶员可通过驾驶室内的转向模式开关进行选择。当 4WS 汽车在行驶过程中电子控制系统出现故障时，后轮自动回到中间位置，汽车自动进入前轮转向状态，保证汽车像普通前轮转向汽车一样安全地行驶。同时仪表板上的 4WS 指示灯亮，警告驾驶员，故障情况被存储在 ECU 中，以便于维修时检码。

电控电动式 4WS 系统属于车速感应型系统，其工作特点是后轮偏转的方向和转角大小主要受车速高低的控制，同时也响应前轮转角、横摆角速度的变化。ECU 根据设定的控制策略，通过程序控制，实现汽车的四轮转向。在低速行驶或者方向盘转角较大时，前、后轮实现逆相位转向，且后轮偏转角度随前轮转角的增大而在一定范围内增大。这种转向方式可使得汽车低速时的操纵轻便，减小汽车的转弯半径，提高汽车的机动灵活性。在中、高速行驶或方向盘转角较小时，前、后轮实现同相位转向。使汽车车身的横摆角速度大大减小，可减小汽车车身发生动态侧偏的倾向，提高汽车高速行驶的操纵稳定性。

5.4　电控动力转向系统的检修

【情境导入】

某三菱轿车在正常行驶的过程中发现 EPS 报警灯点亮，转向异常沉重，电子助力不起作用，应该怎样维修呢？

【理论引导】

5.4.1 电控动力转向系统的检修

电控动力转向控制系统具有自诊断功能，当发生系统故障时，能自动停止助力，同时 ECU 可以记忆故障内容，并使故障指示灯点亮，提醒驾驶员，维修时可以读取故障代码，找出故障原因。此功能与大多数电控系统故障自诊断的工作原理类似。

对于电动式动力转向系统而言，当自诊断系统诊断出有故障后，控制电路停止向电动机供电，并且将离合器脱开，此时系统恢复至机械转向系统，仍能够实现正常的转向，只是转向力变大。

电控动力转向系统报警灯的检查。当点火开关处于 ON 位置时，报警灯应该点亮，发动机启动后报警灯熄灭为正常。若报警灯不亮，应该检查灯泡是否损坏，熔断器和导线是否短路，若发动机启动后，报警灯仍不亮，首先应考虑该系统是否处于失效保护状态（只有常规转向工作，无助力）然后进行自诊断操作。

当汽车的转向系统出现故障时，首先需清楚产生故障的真实原因、问题的真实内容。例如，面对转向发沉这一现象，就该弄清楚是左转向发沉还是右转向发沉，是原地转向发沉还是断续地转向发沉，或者根本没有助力，做到有的放矢。

在确认问题的真实情况之后，不要急于拆卸任何部件，实际上在多数情况下，转向系统中有许多其他部件也可能引起转向故障，应先检查这些部件，最后检查转向器。

首先，检查转向轮。弄清楚轮胎的压力是否合适，是否均衡一致，大小是否适当，是否严重磨损或损坏。

其次，检查前轮定位（主销后倾、主销内倾、前轮外倾及前束）情况，以及转向横直拉杆、球节及主销处的松紧程度。

最后，检查线路连接情况，若是电控液压式检查动力转向油罐，确保罐内的油平面达到规定的高度，以及各联接管路是否有泄漏等。

下面介绍常见的两种电动转向系统的检修思路和方法。

5.4.2 电控液压式动力转向系统的检修

电控液压式动力转向系统常见的故障有转向沉重或助力不足。动力转向液产生乳状泡沫，液面低以及压力低，向左或向右急转转向盘时转向力瞬时增大等。

主要原因集中在油路系统和电控系统中，对于油路系统的检修在基本检查中逐步排查，电控系统的检修主要针对传感器、执行器、ECU 及线路连接，并应充分利用自诊断系统的功能。

下面就以凌志 LS400 轿车为例，讲解电控动力转向系统的检修方法。

1. 车速传感器检修

顶起汽车，旋转后轮，用万用表测量传感器侧线束插接器上的 SPD 与 GND 之间的电压，应在 0～5V 之间，否则应检查传感器及其连接线路。

2. 电磁阀的检修

用万用表检测电磁阀侧线束插接器上的 SOL+与 SOL-之间的阻值，应为 6～11Ω，否则说明线圈断路或短路故障；用 12V 的蓄电池电压给电磁阀通电，应能听到咔哒声，否则说明线路断路或电磁阀损坏，需更换。检修方法与维修思路如图 5.4.1 所示。

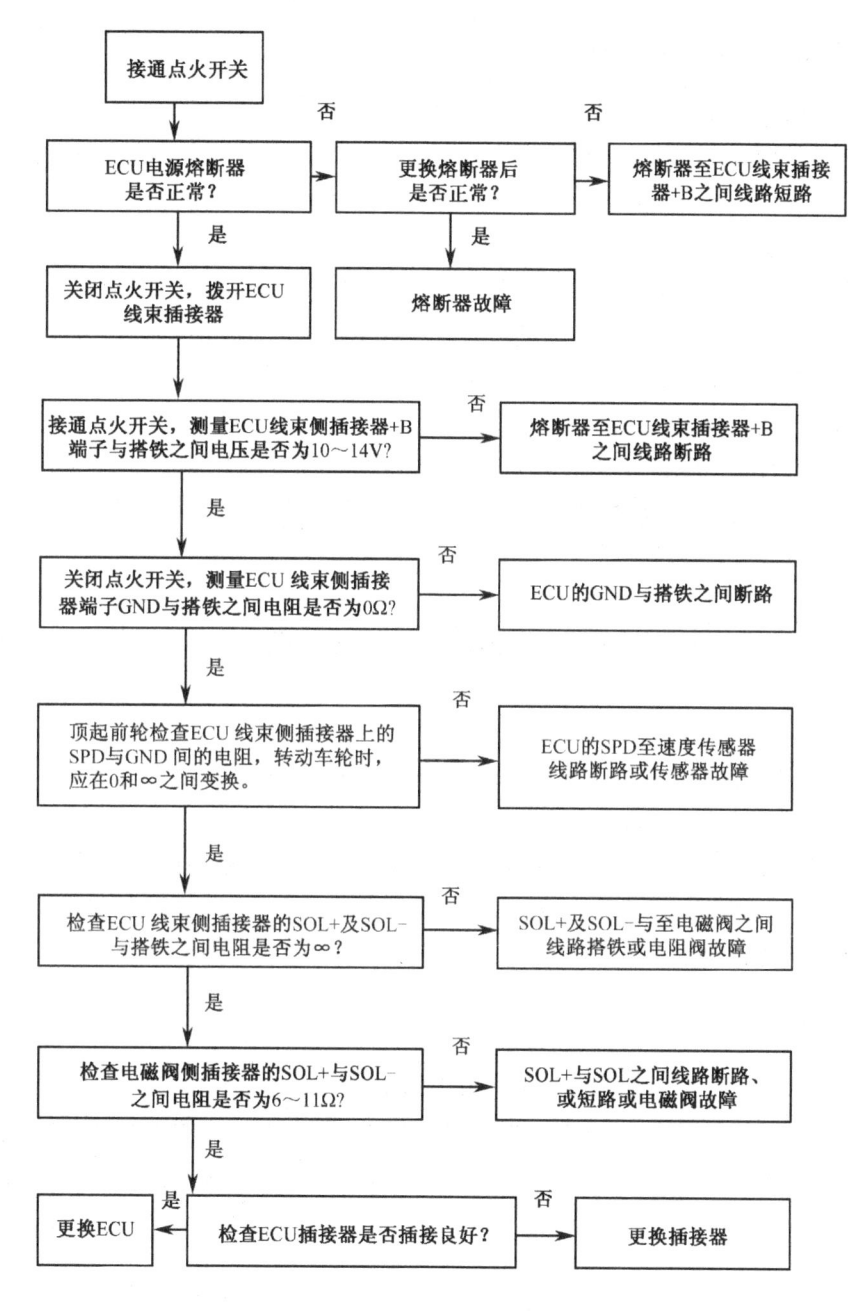

图 5.4.1　电磁阀检修方法与维修思路

5.4.3　电控电动式转向系统的检修

1. 初步检查

在进行系统检查之前，首先要根据车辆的具体情况初步检查一下轮胎气压（前轮：230kPa；后轮：250kPa）、前轮定位、悬架与转向连接杆之间的润滑情况、转向系统接头及悬架臂球头等处是否正常，转向柱管是否弯曲，转向盘的自由间隙是否正常等。

2. EPS 电子控制部件的检查

（1）传感器的检查

① 检测转向力矩传感器线圈的电阻。从转向器总成上拔开转矩传感器插接器，测量转矩传感器 3 号与 5 号端子之间、8 号与 10 号端子之间的电阻，其标准值应为 2.18±0.66kΩ，若不符合要求，则为转矩传感器异常。

检测转矩传感器的电压。用万用表直流电压档测量上述各端子之间的电压，用以判定转矩传感器是否良好。将转向盘置于中间位置，如果测得电压约 2.5V 则为良好，4.7V 以上则为断路，0.3V 以下则为短路。

② 电磁离合器的检查

从转向器上断开电磁离合器插接器，将蓄电池的正极接到 1 号端子上，蓄电池的负极与 6 号端子相接，在接通与断开 6 号端子的瞬间，离合器应有工作声音。若没有声音，表示电磁离合器有故障，应更换转向器总成。

（3）电动机的检查

从转向器上断开电动机插接器，给电动机加上蓄电池电压，电动机应有转动声音。若电动机没有声音，应更换转向器总成。

（4）传感器的检查

① 检查车速传感器的转动情况。从变速器上拆下车速传感器，用手转动车速传感的转子检查其能否顺利运转，若有卡滞应予更换。

② 检测车速传感器的电阻。拔开车速传感器插接器，测量车速传感器插接器 1 号与 2 号端子之间、4 号与 5 号端子之间的电阻值，其值等于 165±20Ω 为良好。若与上述不一致则必须更换车速传感器。

【任务实施】

任务工单

任务名称	动力转向系统的拆装	实训设备	电控动力转向实验台架、常用的拆装工具、液压千斤顶、台架、油压表、扭力扳手
任务目标	动力转向系统各个部件的安装位置		
知识准备	1. 汽车转向系统可按转向能源不同分为_____和_____。 2. 电动式电控动力转向系统可以分为_____、_____和_____。 3. 电动式动力转向系统需要控制电动机的电流方向和_____。 4. EPS 通常是在机械式转向系统基础上加装_____、_____、电子控制单元（ECU）、_____等装置。 5. EPS 系统的总体示意图如下图所示，请写出下列各零部件的名称。		

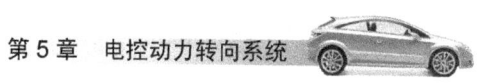

知识准备	[图示：方向盘及EPS结构示意图，标注1-12，车速信号] 6．EPS的工作原理是什么样的？
任务计划	根据任务要求，确定所需要的检测仪器、工具，并对小组成员进行合理分工，制订拆装计划。 1．需要的检测仪器、工具和设备。 2．小组成员分工。 3．实施计划。
任务实施	分组实车操作：在台架上观察动力转向系统的模型，以便对动力转向系统有一个直观、整体的初步认识。然后在动力转向系统台架上进行模拟测试，进行不同车速的设置，转动方向盘，感受转向助力。 1．打开点火开关，显示面板上的EPS指示灯是_____色。 2．此台架的电机安装在_____上。 3．车速低时，打方向_____；车速高时，打方向相对沉重。 4．在操作过程中是否存在异常，你的处理方式是什么？
检查与评估	测试题 （一）判断题 1．电控动力转向系统可以让转向在任何时候都变得轻便。（　　） 2．电控动力转向系统的英文缩写是EPS。（　　） 3．电控动力转向系统可以直接应用在新能源汽车上。（　　） 4．四轮转向，就是指四个车轮都可相对车身偏转。（　　） （二）选择题 1．在EPS系统中电磁离和器的作用是（　　）。 　A、传递动力　　　　　　　　　　B、防止传动系过载

检查与评估	C、低速切断动力传递　　　　　　D、高速切断动力传递 2．下列传感器属于电控四轮转向系统的是（　　）。 A、节气门位置　　　　　　　　　B、偏航率 C、主前轮转角　　　　　　　　　D、制动压力 （三）填空题 1、EPS 通常是在机械式转向系统的基础上加装_____、_____、电子控制单元（ECU）、_____等装置。 2．四轮转向是指在汽车行驶过程中，四个车轮都可相对车身偏转。其中后轮转向角度一般_____前轮。 （四）简答题 1．EPS 系统与电控液压式动力转向系统相比的主要特点是什么？ 2．EPS 的作用是什么？ 3．4WS 与 2WS 相比的特点是什么？ 4．EPS 系统的组成和作用是什么？
任务拓展	以你熟悉的一款车为例，说明电控电动式转向系统的结构与原理。

第 6 章

胎压监测系统

【本章学习目标】

了解轮胎胎压监测系统的基本作用、分类和组成。
掌握胎压监测系统的工作原理及安装步骤。
掌握常见故障的分析方法和检测方法。

6.1 胎压监测系统简介

【情景导入】

王先生最近想在淘宝网上为自己的爱车选购一款胎压监测系统,可是发现胎压监测系统的种类特别多,品牌也特别多,这该怎么选呢?通过学习下面的内容,我们来回答王先生的问题。

【理论引导】

6.1.1 胎压监测系统的作用

胎压监测系统(TPMS)是轮胎气压值的监测及警报装置。有数据表明,在众多的交通事故中,因轮胎爆胎引发的交通事故占20%。根据统计,46%的高速公路交通事故是由于轮胎发生故障引起的,其中爆胎一项就占事故总量的70%。而时速超过160km/h的情况下发生爆胎,死亡率是100%,因此,轮胎安全是必须被重视的。而所有会造成爆胎的因素中胎压不足当为首要原因,胎压监测能有效避免这一问题的出现,TPMS能实时监测所有轮胎的气压,对气压过低、气压过高,以及快速漏气等异常状态及时发出报警,提示驾驶员及时处理,有效排除爆胎事故的隐患,并能降低整车的油耗,延长轮胎的寿命,对于提高汽车安全性及经济性具有较大贡献。

在欧洲和北美国家,通过相应的法律法规提高人们的安全意识,例如,欧盟委员会强制要求所有汽车安装胎压监测系统,启动时间从2012年开始。而在美国,2001年,公路交通安全局就出台了 TPMS 的行业标准，并且到 2005 年 9 月，50% 美国市场出售的新车安装了 TPMS；2006 年 9 月，90% 新车要求安装 TPMS；2007 年 9 月，100% 新车要求安装 TPMS。在我国，一些中级车已经将胎压检测系统作为标配安装在车辆上，但大部分车型还都没有此项配置。由于受到成本控制，目前将 TPMS 作为标准配置的还集中在高端车型上，如奥迪 A8、宝马 7 系、5 系、X5、奔驰 S 系列、E 系列等。在国内市场上把 TPMS 作为标配的汽车品牌主要有别克君威、君越、克莱斯勒铂锐、新奥迪 A6L、荣威 550 等。由于受到安装成本和中国消费者对汽车安全的认识还不够成熟等因素的影响，国内大多数汽车厂家还没有把胎压监测系统作为标准配置。但随着中国汽车市场国际化进程的加快，国内的用车环境正在快速成熟中，行车安全、道路交通的问题也越来越受到管理机构和驾车人的重视，目前国内已经有相关部门准备对胎压监测系统制定行业标准。

TPMS，即 Tire Pressure Monitoring System，主要用于在汽车行驶时，适时地对轮胎气压和温度进行自动监测，对轮胎漏气、低压、高压、高温等危险状态提前进行预警，确保行车安全。

胎压监测系统的优点：

（1）预防事故发生

胎压监测系统属于主动安全设备的一种，它可以在轮胎出现危险征兆时及时报警，提醒驾驶员采取相应措施，从而避免严重事故的发生。

（2）延长轮胎使用寿命

有了胎压监测系统，就可以随时让轮胎都保持在规定的压力、温度范围内工作，从而减少车胎的损毁，延长轮胎使用寿命。有资料显示，在车轮气压比正常值下降 10% 的情况下行驶，轮胎寿命减少 15%。

（3）提高燃油经济性

当轮胎内的气压过低时，就会增大轮胎与地面的接触面积，从而增大摩擦阻力，当轮胎气压低于标准气压值 30% 时，油耗将上升 10%。

（4）可减少悬架系统磨损

如果轮胎内气压过足，就会导致轮胎本身减震效果减低，从而增加车辆减震系统的负担，长期使用会对发动机底盘及悬挂系统都将造成很大的伤害；如果轮胎气压不均匀，还容易造成刹车跑偏，从而增加悬挂系统的磨损。

6.1.2 胎压监测系统的分类

（1）胎压监测系统按实现形式分为间接式和直接式。

① 间接式胎压监测系统（Wheel-Speed Based TPMS，WSB TPMS）是通过汽车 ABS 的轮速传感器来比较轮胎之间的转速差别，以达到监测胎压的目的。ABS 通过轮速传感器来确定车轮是否抱死，从而决定是否启动防抱死系统。当轮胎压力降低时，车辆的重量会使轮胎直径变小，这就会导致车速发生变化，这种变化即可用于触发警报系统来向司机发出警告。静止时不能监测，一般车辆要行驶 5~10km 才会报警。而且四轮同时缺气不能报警，因为报警时不知道是哪个轮胎异常，误报率高（高速）。

② 直接式胎压监测系统（Pressure-Sensor Based TPMS，PSB TPMS）是利用安装在每一个轮胎里的压力传感器来直接测量轮胎的气压，利用无线发射器将压力信息从轮胎内部发送到中央接收器模块上的系统，能够对各轮胎气压数据进行显示，如图 6.1.1 所示。当轮胎气压太低或漏气时，系统会自动报警。能确定具体是哪个轮胎有问题。

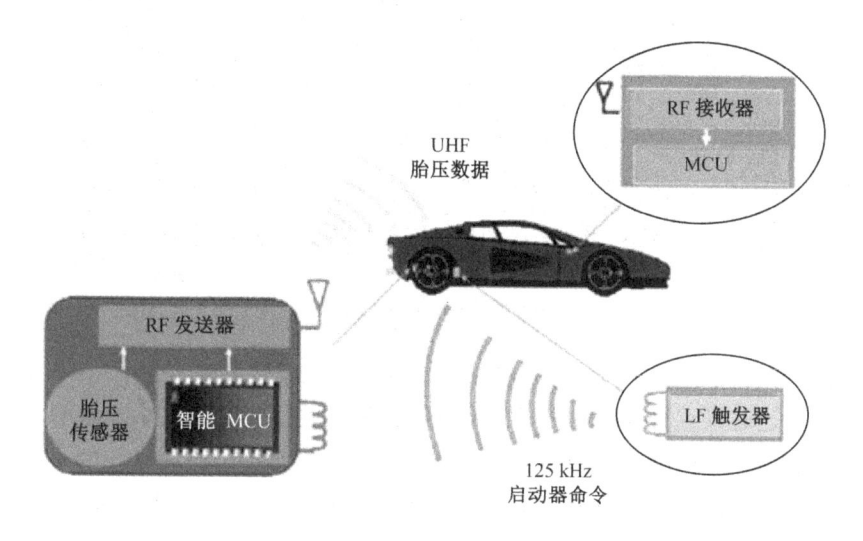

图 6.1.1　直接式胎压监测系统

（2）胎压监测系统按功能分为数字胎压监测功能、中档胎压监测功能和普通胎压监测功能。

① 数字胎压监测功能，是在每个轮胎上安装胎压和胎温传感器，利用无线发射器将信息从轮胎内部发送到主机上，实时显示每个轮胎的胎压和胎温，如图 6.1.2 所示。这种装置不管是胎温和胎压哪个异常都会及时报警并显示具体的温度和压力。另外，对于轮胎慢漏气，数字传感胎压监测系统也能实时显示胎压情况。别克君越、君威、吉普指南者上装备的就是这种胎压监测装置。

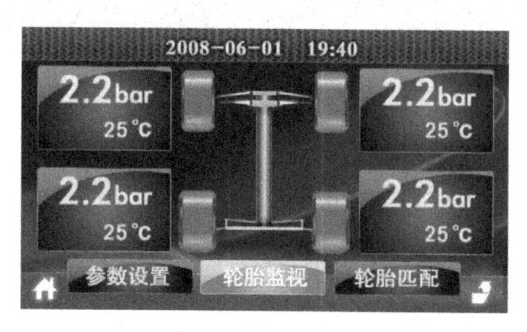

图 6.1.2　数字胎压监测系统

② 中档胎压监测功能是数字传感胎压监测功能的简化，有四个轮胎压传感器，但是显示器上只能显示"胎压正常"或"胎压不足"，不显示具体的压力和温度数值，如图 6.1.3 所示。

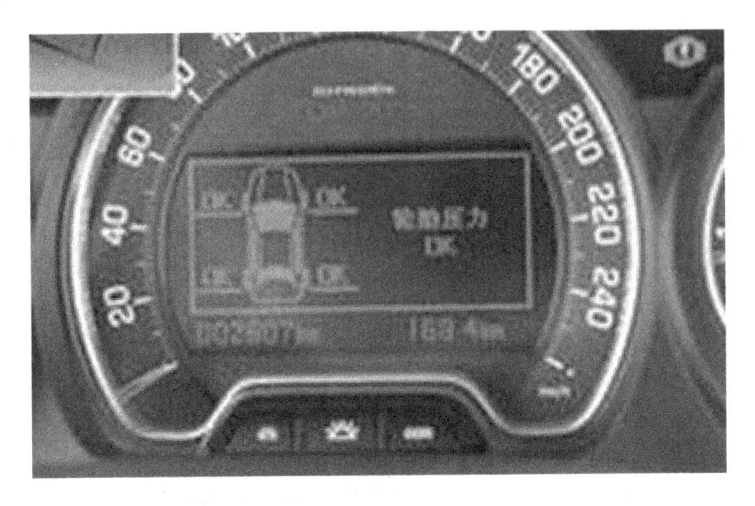

图 6.1.3 中档胎压监测功能

③ 普通胎压监测系统监测左、右轮滚动圈数,如果左轮扎破,那么左轮滚动的圈数肯定比右轮要少,这时候就会报警,不过这个报警是根据轮胎漏洞的大小决定的,普遍要行驶 5km 以上才会报警。这种胎压监测的成本大约只有数字传感胎压监测系统的十分之一。这种胎压监测系统只显示胎压是否异常,无法知道是哪个轮胎异常,如图 6.1.4 所示。

图 6.1.4 普通胎压监测功能

(3)按传感器的安装位置不同可以分为内置式和外置式。

(4)按品牌可以分米其林、铁将军、大众、东风日产、诺丽等。

6.1.3 胎压监测系统的基本组成

轮胎胎压监测系统的工作是通过射频收发来实现的。胎压监测系统由轮胎模块和监视器模块组成。轮胎模块由传感器、微处理器、发射芯片、电池和天线组成;监视器模块由接收芯片、微处理器、LCD 显示器和按键组成,如图 6.1.5 所示。

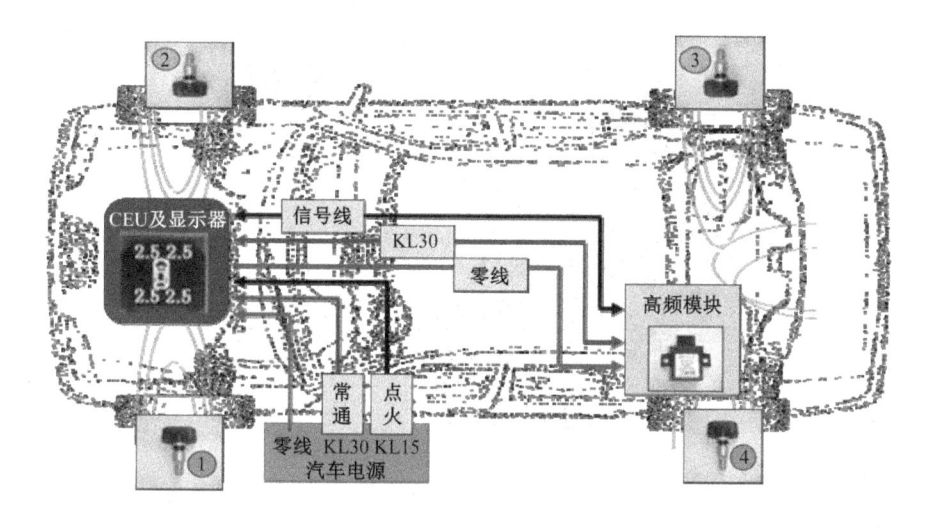

图 6.1.5　胎压监测系统的组成

6.2　胎压监测系统工作原理及安装

【情景导入】

王女士的日产逍客轿车最近连续发生爆胎，让她很是担心，4S 店的工作人员建议她安装数字胎压监测系统，这样就可以提前知道轮胎有异常，避免换胎和异常危险的发生。但是她想知道为什么安装了数字胎压监测系统就可以提早知道轮胎异常，安装步骤怎样？如果你是工作人员，你能帮她解答吗？

6.2.1　胎压监测系统工作原理（数字胎压监测系统）

1. 胎压监测系统（TPMS）是一项提高汽车主动安全性的新技术

胎压监测系统运用了最新的汽车电子技术、传感器技术、无线发射和接收技术等。TPMS 的工作原理：系统通过安装在轮胎内的发射器直接检测每个轮胎的气压和温度数据，如图 6.2.1 所示；数据通过无线传输至接收机，接收机经过数据分析后在显示器上显示出每个轮胎压力和温度数据；系统通过不断分析连续数据来发现异常状况，并针对不同的异常状况通过显示器向驾驶员发出各类声光警报，如图 6.2.2 所示。

2. 尽管各种不同的胎压监测系统显示器的界面各不相同，但都大同小异

下面以东风日产胎压监测系统的显示器界面（见图 6.2.3）为例进行说明。它可以显示具体的轮胎压力和温度，但某个时刻只能显示某一个轮胎的压力和温度数值，如果想知道其他轮胎的数值，可以等界面顺序显示，也可按压 RD 键让其显示某个轮胎的压力。

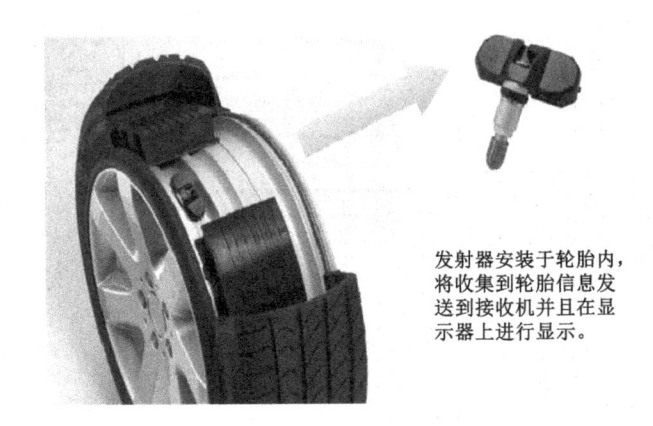

图 6.2.1　发射器的安装位置

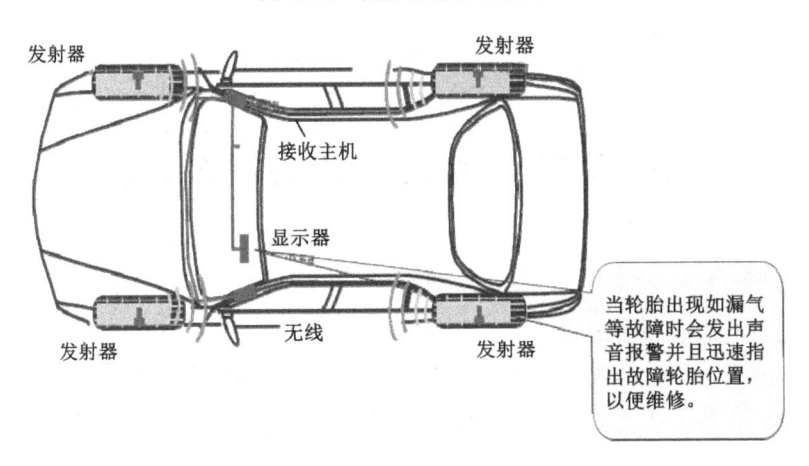

图 6.2.2　胎压监测系统的工作原理

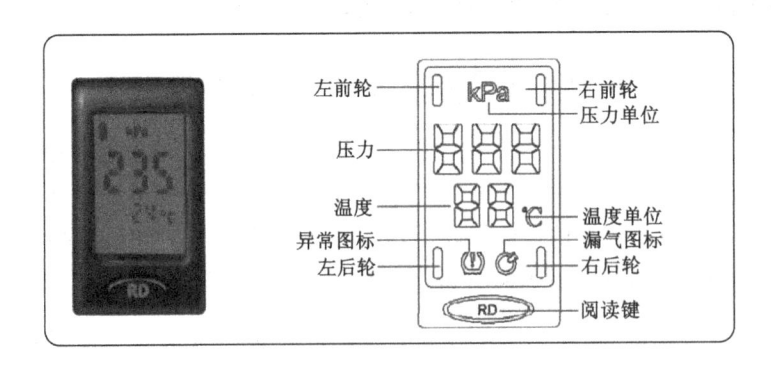

图 6.2.3　东风日产胎压监测系统显示器

3. 主要功能

数字式胎压监测系统的主要功能是当温度高于一定值、压力低于或高于一定值时，相应的数值闪烁，异常图标出现（见图 6.2.4）；当轮胎被扎或由于其他原因导致漏气时，压力数值闪烁，漏气图标出现（见图 6.2.5）。

◀左前轮出现低压报警　　　　　　　　　　　◀左前轮出现快漏报警

图 6.2.4　胎压过低时的显示界面　　　　　图 6.2.5　漏气时的显示界面

6.2.2　胎压监测系统的安装

目前我国对胎压监测系统没有要求强制配备，很多汽车厂家为了节约成本，不安装或者安装了价格低的普通胎压监测系统，即间接式胎压监测系统，但考虑到安全性。很多车主会选择安装胎压监测系统，尽管各种胎压监测系统的安装方法不尽相同，但基本方法是相同的，下面介绍 TPMS 的安装方法。

（1）认真查看说明书，掌握安装要领，准备好安装组件和工具，如图 6.2.6 所示。

①胎压监测主机　②胎压监测显示器　③监测模块（发射器）　④胎压监测系统线束

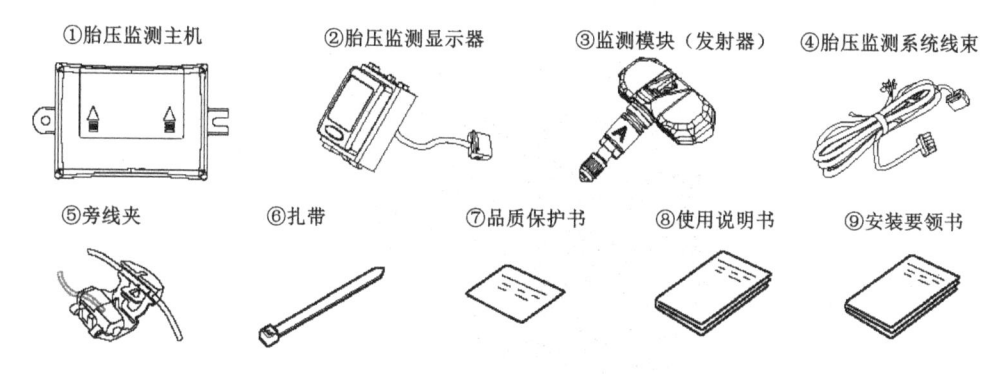

⑤旁线夹　⑥扎带　⑦品质保护书　⑧使用说明书　⑨安装要领书

图 6.2.6　胎压监测系统组件

（2）做好装车前的准备工作（主要是拆卸 4 个轮胎，注意 4 个轮胎的位置）。

（3）安装发射器（注意发射器的顺序和轮胎一一对应），发射器的主要功能就是监测轮胎数据并通过无线通信方式发射出来。发射器共计 4 个，螺母上面刻有 A、B、C、D 标志，出厂默认安装在左前轮、右前轮、右后轮、左后轮处，如图 6.2.7 所示。

① 用拆胎机剥离轮胎，将原来的气门嘴移除，通过轮辋孔插入发射器，如图 6.2.8 所示。
② 用 11 的扭矩扳手固定紧发射器的螺母，推荐扭矩 4N·m，如图 6.2.9 所示。
③ 将轮胎装回轮辋，充气至推荐气压值，安装完毕，如图 6.2.10 所示。
④ 做动平衡实验。

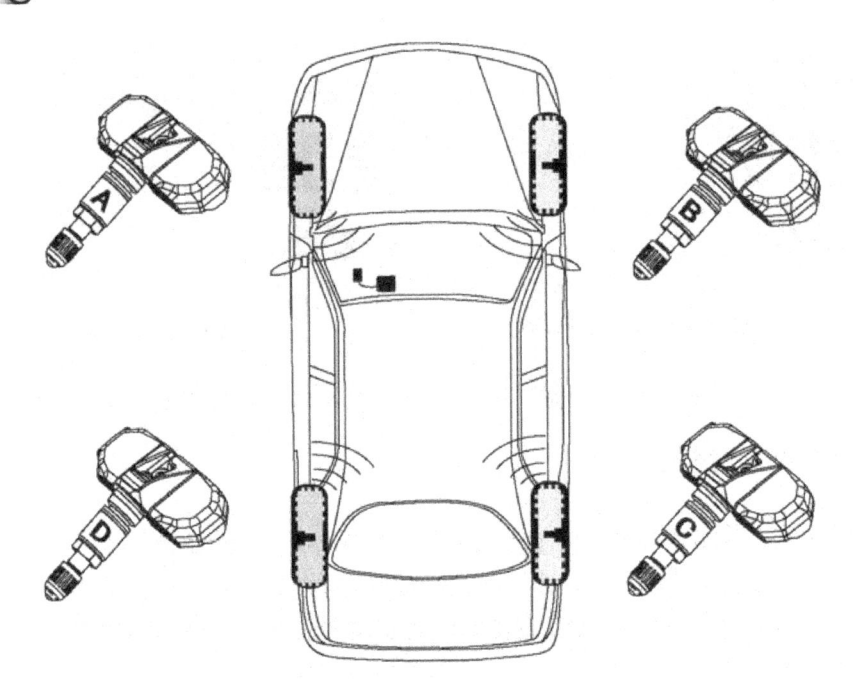

图 6.2.7　发射器的安装顺序图

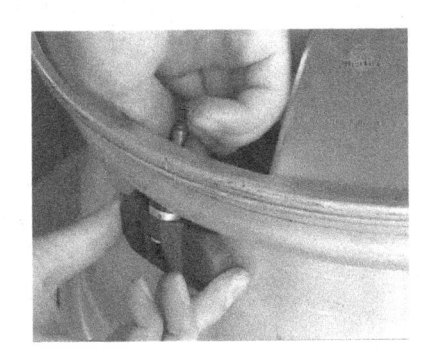

图 6.2.8　发射器的装入

图 6.2.9　发射器的固定

用上面的方法完成其余轮胎发射器的安装。

（4）安装胎压监测系统主机。

主机的主要功能是接收发射器发送过来的数据，经过一系列分析处理后将数据提供给显示器。

① 打开驾驶员一侧的仪表板找到车辆诊断端口，将主机线束和车辆相应的地线、ACC、常火线连接，如图6.2.11所示。

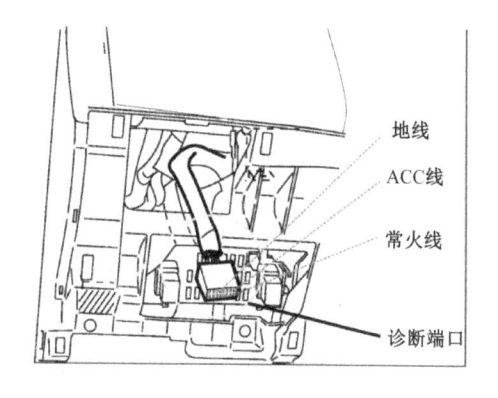

图6.2.10　轮胎的安装　　　　　　　　　图6.2.11　车辆诊断端口示意图

② 线路接好后，在仪表板内找一个空的位置方便用扎带固定主机，同时为了不发出异响，用随机赠送的海绵包裹主机后再固定，如图6.2.12所示。

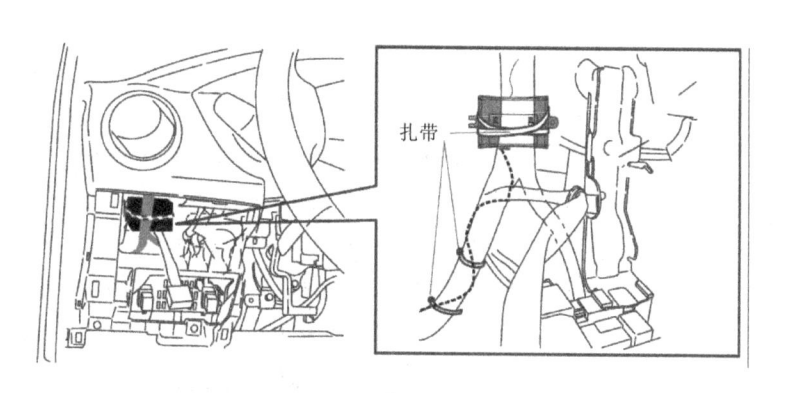

图6.2.12　主机的固定

显示器的主要功能是显示轮胎数据和提示异常轮胎位置，依据车型分为两种安装方式。

① 原车预留开关罩，车型包括天籁、骊威、骏逸、轩逸、逍客、奇骏、骐达、2008年以前生产的颐达等，如图6.2.13所示。

这种车型的安装方法是揭开仪表板下的开关罩面板，取出空余的开关罩，将显示器的线束与之前安装在仪表板内的主机线束对接，然后将显示器嵌入空余的开关罩位置，安装方法如图6.2.14所示，安装完成。

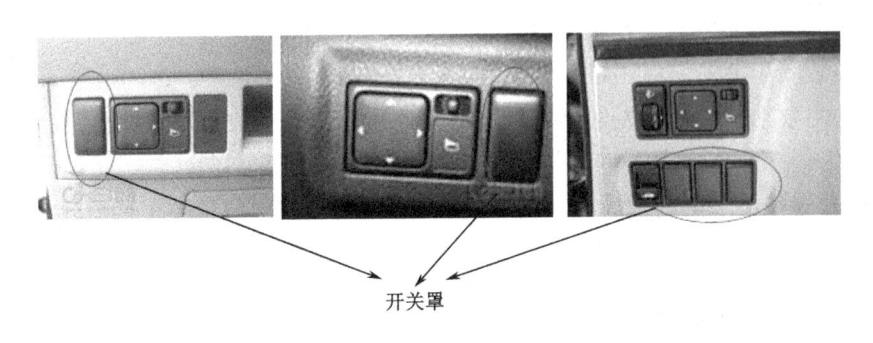

图 6.2.13　预留开关罩的位置

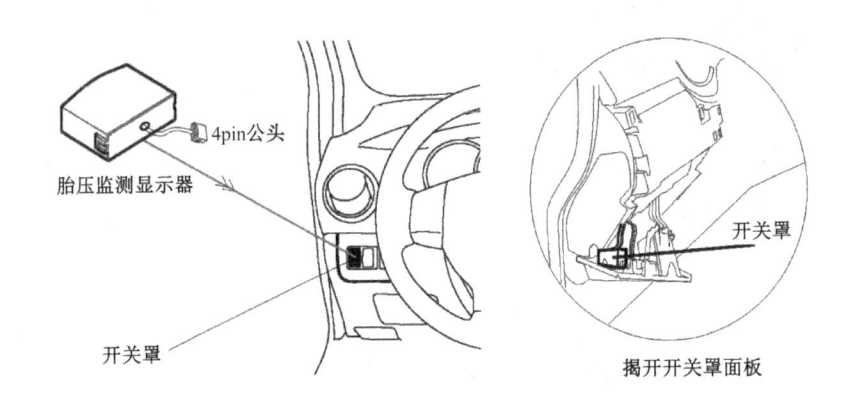

图 6.2.14　显示器的安装

② 原车没有开关罩（或者被占用），2008年以后生产的颐达车型的显示器已经和仪表板固定在一起，如图 6.2.15 所示，安装时将该仪表板替换原车的仪表板，拆掉上层仪表板，替换方法如图 6.2.16 所示，取出上层仪表板，即可露出下层仪表板，如图 6.2.17 所示。由于上层和下层仪表板的间隙太小，无法使显示器嵌入，因此必须在下层仪表板上打孔，方法如图 6.2.18 所示。通过打好的孔接好显示器和主机的线束，将显示器和仪表板扣在下层仪表板上面，安装结束。安装好的的显示器如图 6.2.19 所示。

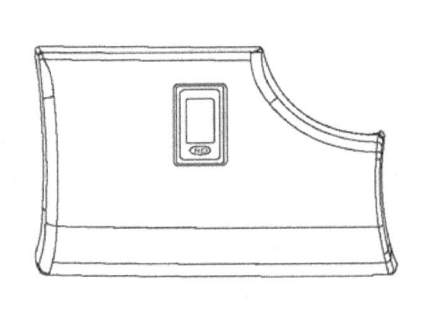

图 6.2.15　显示器与仪表板固定在一起　　　　6.2.16　上层仪表板的拆卸

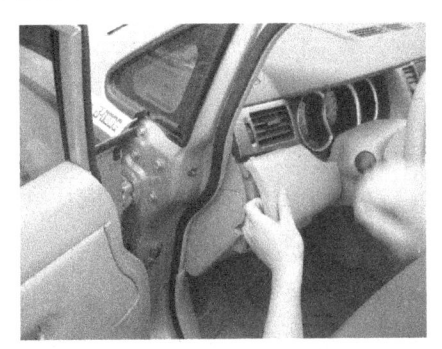

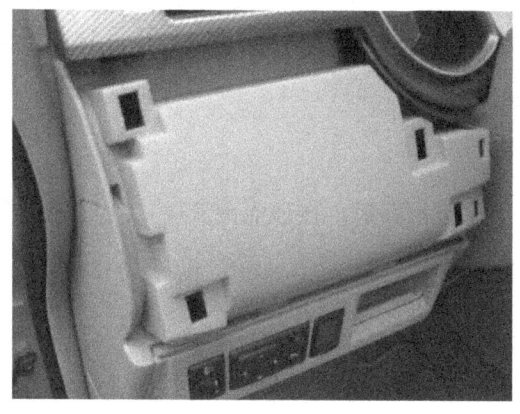

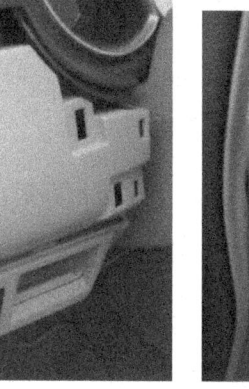

图 6.2.17　下层仪表板　　　　　图 6.2.18　下层仪表板上打孔

图 6.2.19　安装好的显示器

6.3　胎压监测系统的检修

【情景导入】

一辆行驶里程约 30000km，搭载 BDW 发动机，搭配 01J 型 CVT 无级变速器的 2010 款奥迪 A6 L 2.4 轿车。用户反映：该车在行驶里程约 4000km 时就出现过仪表板上 TPMS（轮胎压力监控系统）故障灯报警的现象。每次故障出现时，车主都会检查各轮胎的气压并存储胎压，然后警报灯会熄灭，但车辆行驶一段时间后故障又再现。

6.3.1　胎压监测系统使用注意事项

1. 报警装置的初期设定。当调换轮胎、车轮时，必须对报警装置进行初期设定，其顺序如下：

（1）把四轮的轮胎调整到规定气压。

（2）当点火开关接通，车辆在停止状态时，报警灯进行三次闪亮，然后按下装设在仪表板下部的调置开关。

2. 检查工况使用调置开关，设定检查工况。

在该检查工况中，将自诊断插接件 TS 端子进行短路后，接通点火开关，并进行切换。

3. 在日常维护保养中，必须经常检查轮胎气压。

当报警灯亮时，要立刻确认轮胎气压，并调整到规定气压。以 30km/h 速度行驶 2min，报警灯熄灭，表明气压恢复正常。在轮胎、车轮调换时可能会发生误动作，因此必须进行报警装置的初期设定。

6.3.2 胎压监测系常见故障现象及原因

1. 故障现象：车辆仪表信息中心显示某轮胎胎压过低或过高、漏气、高温，胎压灯亮。

检查与排除方法：将被提示胎压过低或过高的轮胎气压调整到标准气压值，检查轮胎有无异常。重新启动汽车后，胎压灯熄灭，仪表显示正常，不需要进行轮胎气压指示器传感器读入程序。

2. 故障现象：胎压无显示或部分无显示。

检查与排除方法：

（1）车辆电瓶被断开后四个轮胎胎压值显示"--"，此时不需要进行维修，正常行驶车速大于 20km/h 以上，20min 后胎压显示将恢复正常。

（2）轮胎学习过程未完成，车辆行驶 20min 后胎压仍然无显示，或部分无显示，这时需要进行胎压传感器重新学习读入。

（3）更换胎压传感器，相应的轮胎显示"--"，此时需要进行胎压传感器重新学习读入。

（4）改装的电器系统或外加装的 DVD 系统发出了干扰信号，干扰了接收器接收胎压传感器信号，由于干扰信号较强，必须要排除电磁干扰，并且要注意玻璃贴金属膜，门禁与磁卡也有屏蔽或干扰的现象。

（5）胎压传感器在补胎拆装过程中由于操作不当造成胎压传感器有机械性损坏，相应轮胎显示异常，需更换胎压传感器，并进行胎压传感器重新学习读入。

6.3.3 胎压监测系统的案例分析

一辆行驶里程约 30000km，搭载 BDW 发动机，搭配 01J 型 CVT 无级变速器的 2010 款奥迪 A6 L 2.4 轿车。用户反映：该车在行驶里程约 4000km 时就出现过仪表板上 TPMS（轮胎压力监控系统）故障灯报警的现象，如图 6.3.1 所示。每次故障出现时，车主都会检查各轮胎的气压并存储胎压，然后警报灯会熄灭，但车辆行驶一段时间后故障又再现。

（1）接车后，维修人员首先连接故障诊断仪 VAS5052 对车辆进行检测，发现轮胎压力监控系统控制单元中存有含义为"轮胎直径信号不可靠/偶发"的故障码。

（2）首先进行常规检查，检查轮胎外观、尺寸及充气压力均正常，检查轮辋尺寸也没有问题。仔细询问用户得知该车从来未更换过轮胎，仔细观察各轮胎花纹磨损状况，磨损也很均匀。之后进行试车，发现该车在存储胎压后行驶约几千米后胎压监测系统就会报警。

图 6.3.1 仪表板上的 TPMS 故障报警

（3）观察数据流，报警时各轮速信号无异常。根据以往的维修经验，维修人员先试换了 TPMS 控制单元 J793，但试车故障依旧。于是又同时试换了 4 个相同的车轮。经长时间试车，判断故障出现在轮胎上。

（4）再次安装原车的 4 个车轮，果然在行驶到 5km 左右时又出现了 TPMS 报警的情况。为了了解究竟是哪个车轮导致的系统报警，于是决定用备胎分别替换 4 个车轮进行观察。首先将备胎安装在右前轮位置，试车行驶 5km 左右时 TPMS 报警；然后将备胎安装在左前位置，试车行驶 5km 左右后 TPMS 报警；将原车左前车轮安装在左后位置上，试车行驶 5km 左右 TPMS 系统报警；将原车左后车轮安装在右后位置上，试车行驶 5km 故障消失；将原车右后车轮安装在左前位置上（替换备胎），试车行驶 5km 故障消失；将原车右后车轮安装回原位，试车行驶 5km 左右后，TPMS 系统再次报警。至此，可以确定故障出现在右后轮上。

（5）由于轮胎本身的使用状况无问题，只是制造出来的尺寸有些误差，且只需要进行轮胎换位后便可消除 TPMS 系统报警，因而故障可以排除。

故障分析总结：新款奥迪 A4 L 轿车采用间接测量的胎压监测系统，因此车轮中没有安装胎压传感器。TPMS 控制单元 J793（见图 6.3.2）通过舒适系统总线接收 ESP 控制单元 J104 传送来的 4 个轮速传感器的速度信号，通过分析来判断轮胎是否失压。

可以通过奥迪多媒体交互系统（MMI）对胎压监测系统进行初始化设定，每次设定系统会有一次气压值的学习过程，气压的学习值就是系统监控的标准值。在行驶 10min 后，系统就可以监测出轮胎快速漏气，对轮胎缓慢漏气的监测大约需要行驶 1h。如果判断出某个车轮气压过低，则将报警信息通过网关发送到组合仪表，发出声光报警，提示用户某个车轮压力不正常。当一个车轮上由于轮胎损坏导致气压很快减小时，会亮起红色警告灯，驾驶人信息系统会有相关的文字提示说明漏气轮胎的位置。

图 6.3.2 TPMS 控制单元 J793

对于该车的故障，通过多次轮胎换位试车观察分析，可以确定该车正是由于右后轮胎的制造或质量误差导致 J793 误认为轮胎直径不在许可范围内。当遇到相同故障时，可以采用的调换方法是：将任意一个车轮位置保持不变，再将其他 3 个车轮的位置按照顺时针或逆时针的方向调换安装即可。

【任务实施】

任务工单

任务名称	胎压监测系统报警灯点亮故障检修	实训设备	安装有直接式胎压检测系统的车辆、气压表、气泵、举升机、轮胎套筒等
任务目标	了解胎压监测系统的类型及结构组成，掌握胎压监测系统报警灯点亮故障检修方法和技能		
知识准备	1. 汽车安全可以分为_____和_____。 2. 汽车胎压监测系统按实现形式可以分为_____和_____。我们实训所用的属于_____。 3. 汽车胎压监测系统主要由_____和_____两大模块组成。 4. 汽车胎压监测系统的主要功能有_____、_____、_____报警。 5. 胎压监测系统常见故障及检修注意事项有哪些？		

任务计划	根据任务要求，确定所需要的检测仪器、工具和设备，并对小组成员进行合理分工，制订拆装计划。 1. 需要的检测仪器、工具和设备。 2. 小组成员分工。 3. 实施计划。
任务实施	分组实车操作：在实车上操作观察胎压显示器，检查且校准各个轮胎气压，轮胎监测系统匹配。 1. 观察胎压监测显示器 （1）打开点火开关，显示器上低压报警灯点亮不灭。报警灯的颜色是_____。 （2）按压功能按钮 CAR。 （3）在菜单中选择 Systems（系统）。 （4）选择 Type Pressure Monitoring（胎压检测系统）。 （5）选择显示轮胎气压，读出显示器上各个轮胎的气压，并且观察哪个轮胎气压过低。其他轮胎的气压分别是_____、_____、_____（注意单位）。 2. 检查校准各个轮胎气压 　　用气压表实测各个轮胎气压分别是_____、_____、_____、_____；校准的气压值是_____。（注意单位） 3. 胎压监测系统的匹配 （1）校准各个轮胎气压后，按压功能按钮 CAR。 （2）在菜单中选择 Systems（系统）。 （3）选择 Type Pressure Monitoring（胎压检测系统）。 （4）选择 Store Type Pressure（储存轮胎气压），将当前的轮胎气压作为压力储存在中央控制单元内，这样系统就可以正常工作了。
检查与评估	测试题 1. 简述直接式胎压检测系统的组成。 2. 简述简单胎压监测系统的匹配过程。 （一）判断题 1. 胎压监测系统是汽车上的被动安全系统。（　） 2. 胎压监测系统可以延长轮胎的使用寿命。（　） 3. 胎压监测系统可以提高燃油经济性。（　） 4、直接式胎压监测系统好于间接式胎压监测系统。（　） （二）选择题 1. 胎压监测系统可以监测轮胎的（　　）。 A、气压　　　B、温度　　　C、扁平率　　　D、气压与温度

检查与评估	2. 胎压监测系统的英文缩写是（　　）。 A、TEMS　　B、TPMS　　C、EBD　　D、SRS （三）填空题 1. 汽车胎压监测系统主要由＿＿＿＿＿＿和＿＿＿＿＿＿组成。 2. 胎压监测系统的轮胎模块由＿＿＿＿、＿＿＿＿、＿＿＿＿、电池和天线组成。 3. 胎压监测系统的监视器模块由＿＿＿＿、＿＿＿＿、＿＿＿＿和按键组成。 4. 胎压监测系统按功能和价位分为＿＿＿＿＿、＿＿＿＿＿、＿＿＿＿＿。 （四）简答题 1. 轮胎压力监测系统的特点是什么？ 2. 轮胎压力监测系统的工作原理是怎样的？ 3. 胎压监测系统的使用注意事项有哪些？
任务拓展	奔驰车系W215和W220等轮胎压力报警系统的结构与工作原理是怎样的？

第 7 章

安全气囊系统

【本章学习目标】

了解汽车安全气囊系统的组成、特点和优点。
掌握常用检测仪器和检测设备的使用方法。
掌握汽车安全气囊系统的工作原理,并能够进行电路分析。

7.1 安全气囊系统

【情境导入】

高速公路的出现使得汽车的平均车速已达 100km/h 以上,一旦发生碰撞事故,伤亡力度加大,车上人员的主要受伤部位是头部、胸部、腹部和腿部。安全气囊能提高被动安全性,已成为汽车的必备装备。

【理论引导】

7.1.1 安全气囊系统概述

汽车安全气囊系统(Supplemental Restraint System,SRS)是轿车上的一种辅助保护系统,也称空气袋(AIR BAG)。SRS 是当汽车遭到正面或侧面严重冲撞时能很快膨胀的缓冲垫,如图 7.1.1 所示。与座椅安全带配合使用,可以为乘员提供有效的防撞保护,可有效降低汽车乘员及驾驶员的伤亡率,是拯救乘员生命的重要装置。应该指出的是,SRS 实际上是安全带的辅助装置,只有在使用安全带的条件下,SRS 才能充分发挥保护乘员的作用。目前按照安全气囊的数量可分为单气囊系统(只装在驾驶员侧,方向盘中部)、双气囊系统(驾驶员侧和前乘客侧工具箱上方的仪表板内各有一只)、多气囊系统(包括后排乘员也有),气囊盖板上标有"AIR BAG"字样,它们的工作原理基本一样。各种安全气囊的位置如图 7.1.2 所示。

图 7.1.1 汽车安全气囊

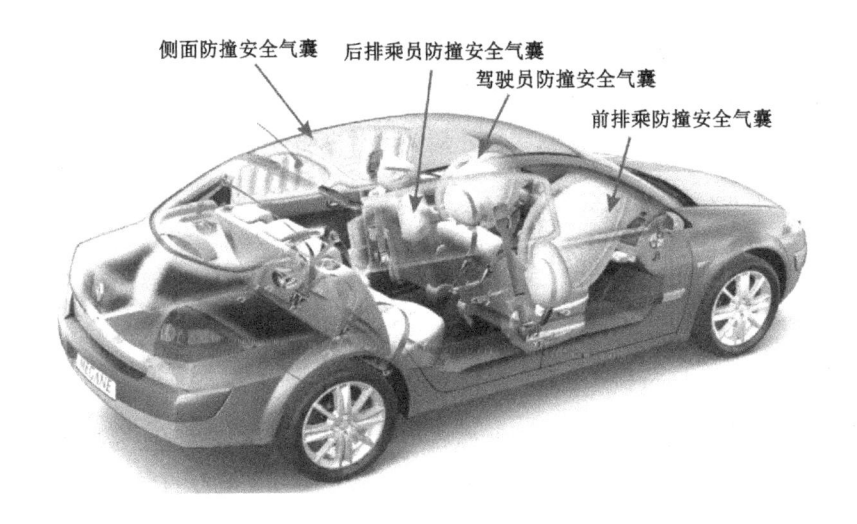

图 7.1.2 各种安全气囊位置图

1. 安全气囊系统的作用

安全气囊系统也称为辅助乘员保护系统。当汽车遭受冲撞导致车速急剧变化时,安全气囊会迅速膨胀,承受并缓冲驾驶员或乘员头部与身体上部和膝盖部位的惯性力,减轻人体遭受伤害的程度,从而达到保护乘客的目的。

2. 安全气囊系统的分类

(1)按碰撞类型:正面防护安全气囊、侧面防护安全气囊和顶部碰撞防护安全气囊。
(2)按气囊数目:单气囊系统、双气囊系统、多气囊系统。
(3)按控制方式分类:电子式与机械式。
(4)其他气囊:气帘、膝部防护气囊、两段式气囊。

3．对安全气囊的要求

（1）可靠性高：安全气囊的使用年限为 7~15 年。
（2）安全可靠：能正确区分制动减速度和碰撞减速度的区别。
（3）灵敏度高：当汽车发生碰撞时，在二次碰撞前打开。
（4）有防误爆功能：减速度过低，轻微碰撞不能引爆。
（5）有自动诊断功能：电控安全气囊要有备用电源。

7.1.2 安全气囊系统的组成

安全气囊系统由传感器、气囊组件、警示灯及安全气囊 ECU 等组成。

1．安全气囊传感器

（1）传感器的作用

碰撞传感器的作用是检测车辆发生碰撞时的减速度或惯性力，并将信号送到安全气囊系统的专用电脑。它安装在车身前部和中部，一般设有 3~4 个。前碰撞传感器一般为 2~3 个，一般安装在车身两侧的前翼子板内侧或两侧前照灯支架下面或发动机散热器支架左右两侧等。

防护碰撞传感器又称为安全碰撞传感器或侦测碰撞传感器，一般与 SRS 计算机组装在一起，安装在驾驶室中部变速杆前、后的装饰板下面。

（2）传感器的分类

各汽车制造厂生产的车辆，碰撞传感器的安装位置不尽相同，而且碰撞传感器的名称也不统一，例如有些碰撞传感器按照工作原理也称为加速度传感器。

① 按照用途的不同，碰撞传感器分为触发碰撞传感器和防护碰撞传感器。

触发碰撞传感器也称为碰撞强度传感器，用于检测碰撞时的减速度或惯性，并将碰撞信号传给安全气囊 ECU，作为安全气囊 ECU 的触发信号；

防护碰撞传感器也称为安全碰撞传感器，它与触发碰撞传感器串联，用于防止气囊误爆。

② 按照结构的不同，碰撞传感器分为机电结合式碰撞传感器、电子式碰撞传感器和机械式碰撞传感器。防护碰撞传感器一般采用电子式结构，触发碰撞传感器一般采用机电结合式结构或机械式结构。

机电结合式碰撞传感器是利用机械的运动（滚动或转动）来控制电气触点动作，再由触点断开和闭合来控制气囊电路的接通和切断，常见的有滚球式和偏心锤式碰撞传感器。

电子式碰撞传感器没有电气触点，目前常用的有电阻应变式和压电效应式两种。

机械式碰撞传感器常见的有水银开关式，它是利用水银导电的特性来控制气囊电路的接通和切断。

③ 对于早期的汽车，一般设有多个触发碰撞传感器，安装位置一般在车身的前部和中部，例如车身两侧的翼子板内侧、前照灯支架下面和发动机散热器支架两侧等部位。随着碰撞传感器制造技术的发展，有些汽车将触发碰撞传感器安装在安全气囊 ECU 内。防护碰撞传感器一般都与安全气囊 ECU 组装在一起，多数安装在驾驶舱内中央控制台下面。

（3）传感器的工作原理

① 滚轮式碰撞传感器

滚轮式碰撞传感器又称偏压磁铁传感器，其结构如图 7.1.3 所示。

工作原理如图 7.1.4 所示，两个触点 1 固定不动，并分别与传感器的引线端子连接。铁质滚球 2 用来感测惯性或减速度的大小，可在导缸内移动或滚动。壳体 3 上印制有箭头标记，安装时必须按使用说明书规进行安装（指向前方或后方）。

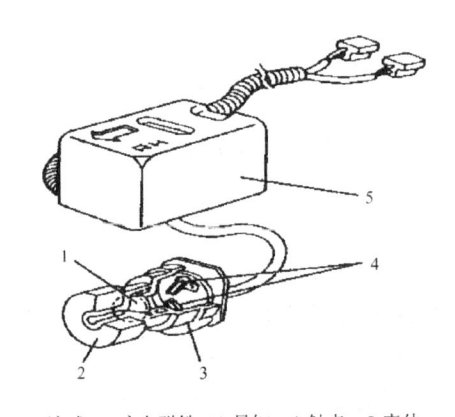

1-滚球；2-永久磁铁；3-导缸；4-触点；5-壳体

图 7.1.3　滚轮式碰撞传感器的结构

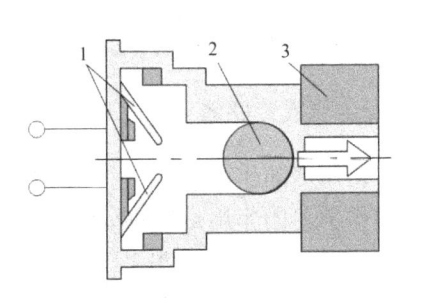

1-固定触点；2-滚球；3-永久磁铁

图 7.1.4　工作原理

② 滚轴式碰撞传感器

滚轴式碰撞传感器的结构如图 7.1.5 所示。

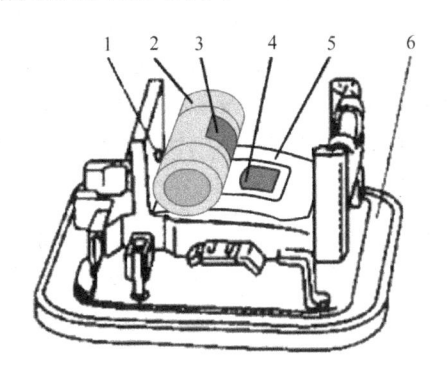

1-止动销；2-滚轴；3-滚动触点；4-固定触点；5-片状弹簧；6-底座

图 7.1.5　滚轴式碰撞传感器结构

片状弹簧 5 与传感器的一个引线端子连接，一端固定在底座 6 上，另一端绕在滚轴 2 上，滚动触点 3 固定在滚轴部分的片状弹簧上，并可随滚轴一起转动。固定触点 4 固定在底座 6 上，并与传感器的另一个引线端子连接。

当传感器处于静止状态时，滚轴在片状弹簧弹力作用下滚向止动销一侧，滚动触点与固定触点处于断开状态。当汽车遭受碰撞，使滚轴的惯性大于片状弹簧的弹力时，惯性力克服弹簧弹力使滚轴向前滚动，将滚动触点与固定触点接通，从而接通 SRS 气囊的搭铁回路。

③ 偏心锤式碰撞传感器

偏心锤式碰撞传感器又称偏心转子式碰撞传感器,其结构如图7.1.6所示。

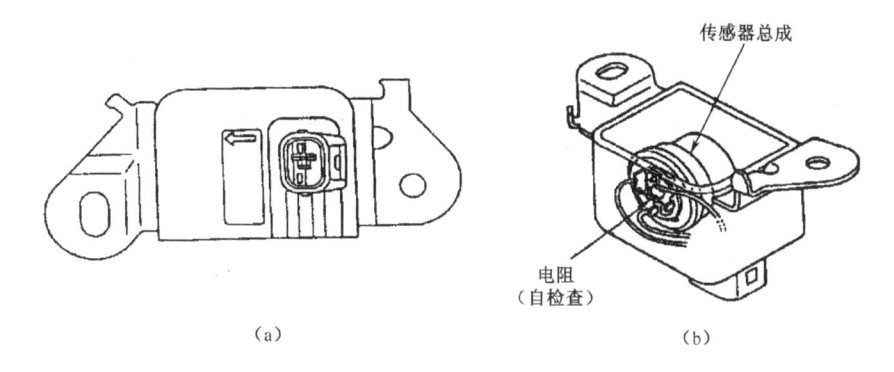

图 7.1.6 偏心锤式碰撞传感器的结构图

偏心锤式传感器的工作原理如图7.1.7所示。

当传感器处于静止状态时,在游丝弹簧的作用下,偏心重块与止动器保持接触,偏心转子总成处于静止状态,旋转触点与固定触点处于断开状态,如图7.1.7（a）所示。当汽车遭受碰撞,使偏心重块的惯性力矩大于游丝弹簧的弹力力矩时,惯性力矩克服弹簧力矩使偏心转子总成转动,从而带动旋转触点臂转动,使旋转触点与固定触点接触,如图7.1.7（b）,SRS气囊的搭铁回路接通。

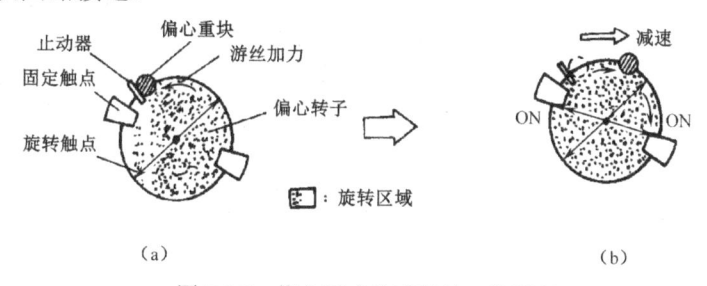

图 7.1.7 偏心锤式传感器的工作原理

④ 水银开关式碰撞传感器

水银开关式碰撞传感器一般用作防护传感器,其结构如图7.1.8所示。

当汽车发生碰撞时,减速度将使水银产生惯性力。惯性力使水银运动方向上的分力将水银抛向传感器电极,使两个电极接通,从而接通气囊点火器电源电路。

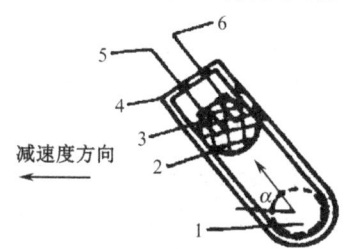

1-水银（静态）；2-水银（动态）；3-密封塞；4-壳体；5-电极（接电源）；6-电极（接点火器）
图 7.1.8 水银开关式碰撞传感器结构

⑤ 电阻应变计式碰撞传感器

电阻应变计式碰撞传感器的结构如图 7.1.9 所示。

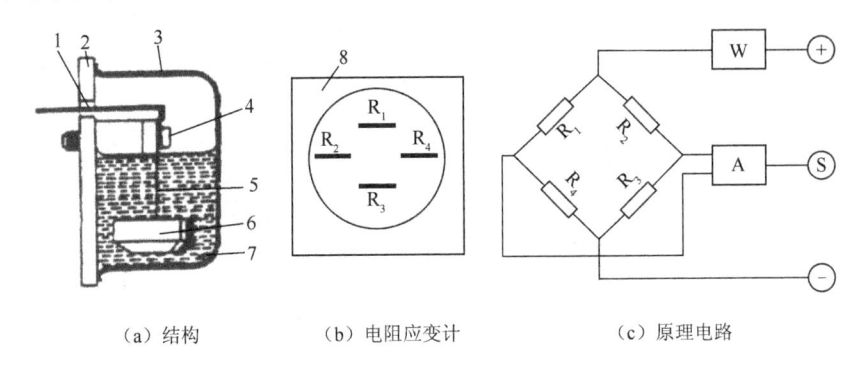

（a）结构　　　　（b）电阻应变计　　　　（c）原理电路

1-密封树脂；2-传感器底板；3-壳体；4-电子电路；5-电阻应变计；6-振动块；7-缓冲介质

图 7.1.9　电阻应变计式碰撞传感器的结构

电子电路包括稳压与温度补偿电路 W、信号处理与放大电路 A。应变计的电阻 R_1、R_2、R_3、R_4 制作在硅膜片 8 上。当膜片产生变形时，应变电阻的阻值就会发生变化。为提高传感器的检测精度，应变电阻一般都连接成桥式电路，并设有稳压和温度补偿电路。

当汽车发生撞击时，振动块振动，缓冲介质随之振动，使电阻应变计的应变电阻发生变形，从而使其电阻值也发生变化，经信号处理与放大后，传感器 S 端输出的信号电压就会发生变化。SRS 计算机根据电压信号强弱便可判断碰撞的程度。如果信号电压超过设定值，SRS 计算机就会立即向点火器发出点火指令引爆点火剂，使充气剂受热分解产生气体给气囊充气。

⑥ 压电效应式碰撞传感器

压电效应式碰撞传感器是利用石英或陶瓷制成的压电晶体在压力作用下，晶体外形发生变化而使其输出电压发生变化的传感器。

当汽车发生碰撞时，传感器内的压电晶体在碰撞产生的压力作用下变形，产生压电效应，使输出的电压发生变化。SRS 电脑根据电压信号强弱便可判断碰撞的程度，从而控制安全气囊是否引爆。

2. 安全气囊 ECU

安全气囊 ECU 通常安装在驾驶室变速杆前、后的装饰板下面，主要由 SRS 计算机模块、信号处理电路、备用电源电路、保护电路和稳压电路等组成，如图 7.1.10 所示。

（1）SRS 计算机模块

SRS 计算机模块的主要功能是检测汽车纵向减速度或惯性力是否达到设定值，从而控制气囊组件中的点火器引爆点火剂。SRS 计算机模块主要由模/数（A/D）转换器、数/模（D/A）转换器、串行输入/输出（I/O）接口、只读存储器（ROM）、随机存储器，电可擦除编程只读存储器（EEPROM）和定时器等组成，如图 7.1.11 所示。

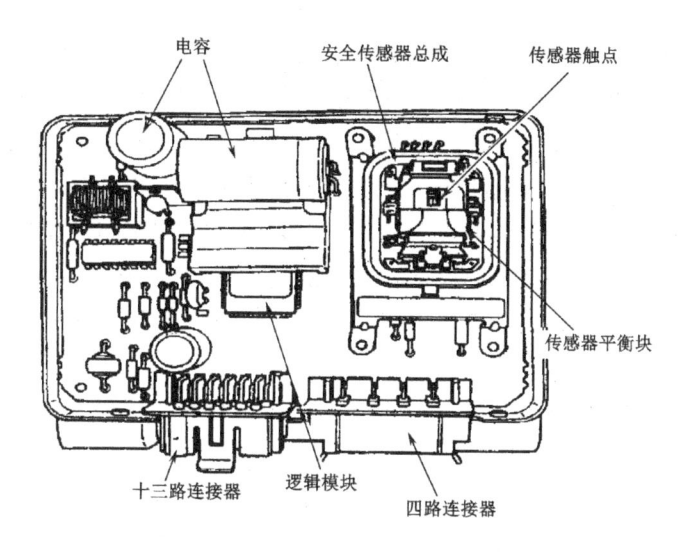

图 7.1.10 安全气囊 ECU 组成

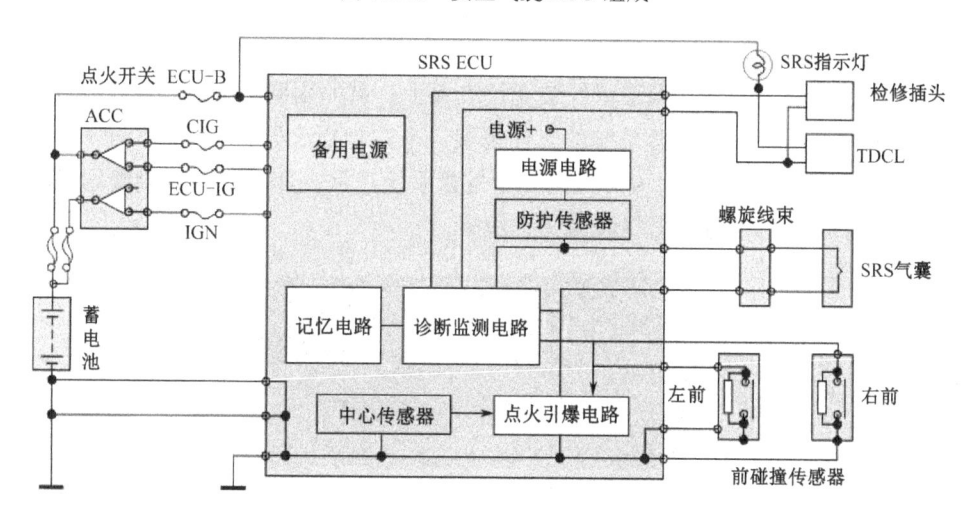

图 7.1.11 SRS 计算机模块组成

汽车行驶过程中，SRS 计算机不断接收碰撞传感器传来的车速变化信号，经过数学计算和逻辑分析判断后，确定是否发生碰撞。当判断结果为发生碰撞时，立即运行控制点火的软件程序，并向点火电路发出点火指令引爆点火剂，使充气剂受热分解释放气体给 SRS 气囊充气。

除此之外，SRS 计算机还要对控制组件中关键部分的电路（如传感器电路、备用电源电路、点火电路、SRS 指示灯及其驱动电路）不断进行诊断检测，并通过 SRS 指示灯和存储在存储器中的故障代码来显示测试结果。

（2）信号处理电路

信号处理电路主要由放大器和滤波器组成。其功能是对传感器检测的信号进行整形、放大和滤波，以便 SRS 计算机能够接收、识别和处理。

（3）备用电源电路

备用电源的功能是当汽车电源于 SRS 计算机之间的电路切断时，在一定时间（一般为

6s）内，维持安全气囊系统供电，保持安全气囊系统的正常工作。

安全气囊系统有两个电源，一个是汽车电源，另一个备用电源（BACK UP POWER）。备用电源又称为后备电源或紧急备用电源。

备用电源电路由电源控制电路和若干个电容器组成。在单安全气囊系统的控制组件中，设有一个电脑备用电源和一个点火备用电源。在双安全气囊系统的控制组件中，设有一个电脑备用电源和两个点火备用电源，即两条点火电路各设一个备用电源。点火开关接通10s后，如果汽车电源电压高于SRS计算机的最低工作电压，备用电源即可完成储能任务。

（4）保护电路和稳压电路

保护电路的作用是防止汽车电器系统中所产生的瞬时过电压使安全气囊系统中的电子元件遭受损坏。

稳压电路是为了保证汽车电源电压发生变化时，安全气囊系统能正常工作。

3. 安全气囊警示灯与安全气囊电源

（1）安全气囊警示灯

如图7.1.12所示，安全气囊警示灯装在仪表板上，有的用图形显示，有的用字母显示。安全气囊警示灯可反映安全气囊系统的工作情况。一般把点火开关置于"ON"挡后警示灯闪亮（或不间断亮）6~8s后熄灭，说明安全气囊系统正常；如果安全气囊警示灯不亮，或不停地闪耀或常亮，则说明安全气囊系统有故障。

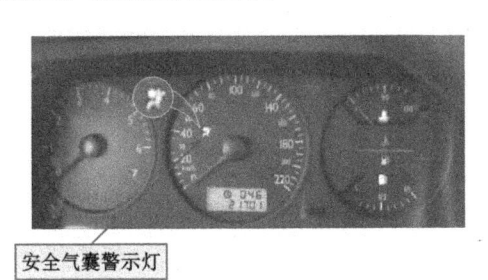

图7.1.12 安全气囊警示灯

（2）安全气囊电源

安全气囊系统有两个电源，即汽车电源（蓄电池和发电机）和备用电源，备用电源电路由电源控制电路和若干电容器组成。当汽车发生碰撞导致蓄电池和发电机与气囊系统断开时，备用电源在一定时间内（一般为6s）可以维持气囊系统供电。在维修气囊系统时应注意备用电源的作用，在断开蓄电池电源后仍需要等待一段时间以使备用电源放电，具体等待时间请参阅相关维修手册。

4. 安全气囊组件

安全气囊组件按功能分为正面气囊组件和侧面气囊组件两大类。正面气囊组件的功能是保护驾驶员和乘员的面部和胸部，防止转向盘、挡风玻璃、仪表台和前排座椅伤害乘员。侧面气囊组件的功能是保护驾驶员与乘员的头部和腰部，防止车门或车身伤害乘员。

汽车安全气囊目前普遍装备在驾驶席和前排乘员席。驾驶席气囊组件安装在转向盘的中央，前排乘员席安全气囊组件安装在乘员席正前方，两个气囊组件一般共用一个 SRS 电脑。

驾驶席气囊组件的结构如图 7.1.13 所示，主要由气囊装饰盖、气囊、气体发生器和装在气体发生器内部的点火器等组成。

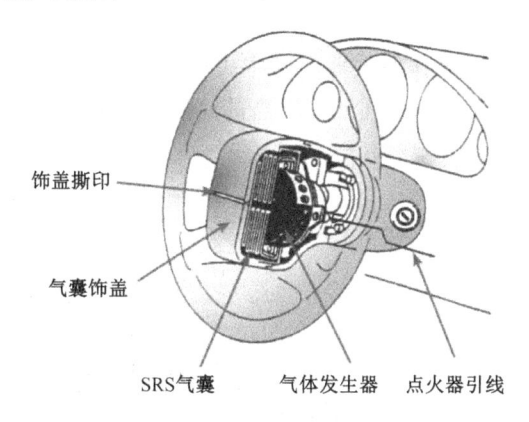

图 7.1.13 驾驶席气囊组件

（1）SRS 气囊

SRS 气囊通常是由防裂性能好的聚酰胺织物（如尼龙）制成，这是一种较软的泡沫材料。经过硫化处理，以减少气囊吹胀时的惯性力。为密封气体，气囊的里层涂有聚氯丁二烯。气囊背面或顶部制有 2~4 个排气孔。当驾驶员在惯性力作用下压到气囊上时，气囊受压便从排气孔排气，持续时间不到 1 s，从而吸收驾驶员与气囊碰撞的动能，使乘员不至受伤。

气囊卷成向上喇叭形，然后装在铝等金属制成的防护罩中，最近开发的护罩盖为无支撑式的，用聚氨酯制成。在正常情况下，它是一个结构盖，气囊充胀的瞬间，在气囊爆发力的作用下快速断裂，对气囊充胀过程毫无阻碍作用。

（2）气体发生器

气体发生器的功能是在点火器引爆点火剂时，产生气体向 SRS 气囊充气，使气囊胀开。

气体发生器用专用螺栓和专用螺母固定在气囊支架上，由点火器、点火剂、金属过滤器及氮气发生剂（充气剂）等组成，如图 7.1.14 所示。

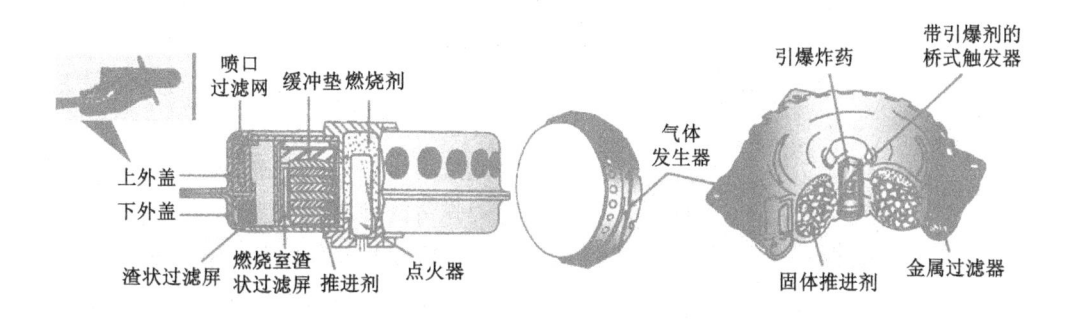

图 7.1.14 气体发生器的结构

当碰撞传感器向 SRS 电脑输送撞击信号后，SRS 电脑向点火器发出指令，点火器点燃点火剂并传到氮气发生剂，使其产生大量的氮气，通过金属过滤器的冷却、降压、迅速充胀囊，使气囊爆胀。

气体发生器使用专用螺栓固定在气囊支架上，只有使用专用工具才能进行装配。气体发生器自安装之日起，应每 10 年更换 1 次。

（3）点火器

点火器外包铝箱，安装在气体发生器内部中央位置。其功能是在前碰撞传感器和防护传感器将气囊电路接通时，引爆点火剂，产生热量使充气剂分解。点火器的结构如图 7.1.15 所示。

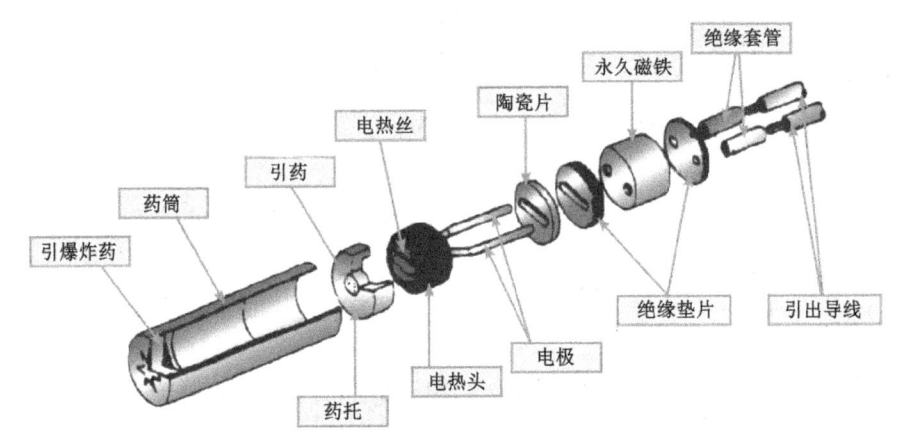

图 7.1.15　点火器的结构

点燃的所有部件均装在药筒内。点火剂包括引爆炸药和引药。引出导线与气囊连接器插头连接，连接器（一般为黄色）中设有短路片。当连接器插头拔下或插头与插座未完全结合时，短路片将两根引线短接，防止静电或误通电将电热丝电路接通而造成气囊误爆。

当 SRS 电脑发出点火指令时，电热丝电路接通，电热丝迅速红热引爆引药，引爆炸药瞬间爆炸产生热量，药筒内温度和压力急剧升高并冲破药筒，使充气剂（叠氮化钠）受热分解释放氮气充入 SRS 气囊。

（4）时钟弹簧

由于司机侧气囊是装在方向盘上的，而方向盘要能转动，为了实现这种静止端与活动端的电气连接，采用了时钟弹簧。时钟弹簧装在弹簧盘里，弹簧盘用螺栓固定在转向柱顶部。时钟弹簧以正、反两个方向的盘绕实现了做旋转运动的一端与固定端的电气连接。弹簧内侧是固定端，把塞键与转向柱连在一起。时钟弹簧的使用寿命要求不低于 10 万循环。时钟弹簧实物图如图 7.1.16 所示。

图 7.1.16　时钟弹簧实物图

为了便于将气囊系统线束与其他电气系统线束区别开，目前大多数汽车的气囊系统线束采用黄色连接器，也有的采用深蓝色或橘红色连接器。连接器采用了导电性能和耐久性能良好的镀金端子，并设计有防止气囊误爆机构，以保证气囊系统可靠工作。

5．安全带预紧器

安全带预紧器安装在前排座椅的左、右两外侧，它包括电雷管、气化剂、气缸活塞和导线等。当汽车发生碰撞时，电雷管（引爆管）由 CPU 控制接通电源引爆气化剂，活塞在膨胀气体的作用下迅速下移，并带动安全带迅速预紧，将驾乘人员向座椅靠背拉动，防止他们冲向汽车前方。

7.2　安全气囊控制原理

【情境导入】

气囊在碰撞过程中动作时间极短，从开始充气到完全充满约为 30ms，从汽车遭受碰撞开始到气囊收缩为止，所用时间仅为 120ms 左右，而人的眼皮眨一下所用时间约为 200ms 左右。因此，气囊动作状态和经历时间是无法用肉眼确认的。

【理论引导】

7.2.1　安全气囊系统的工作原理

当汽车速度在 30km/h（速度阀值）以上受到正面碰撞或侧面碰撞时，安装在汽车前部或侧面的碰撞传感器利用碰撞时产生的惯性力，检测到碰撞作用的时间、汽车减速度即碰撞强度，并传送给安全气囊 ECU，ECU 将碰撞传感器送来的碰撞信号与 ECU 内储存的碰撞触发数据进行比较，如果判定碰撞强度达到或超过其规定值，则指令接通安全气囊点火器的工作电路，使引爆管迅速爆炸燃烧，并引燃气体发生器内的气体发生剂（叠氮化钠），如图 7.2.1 所示。

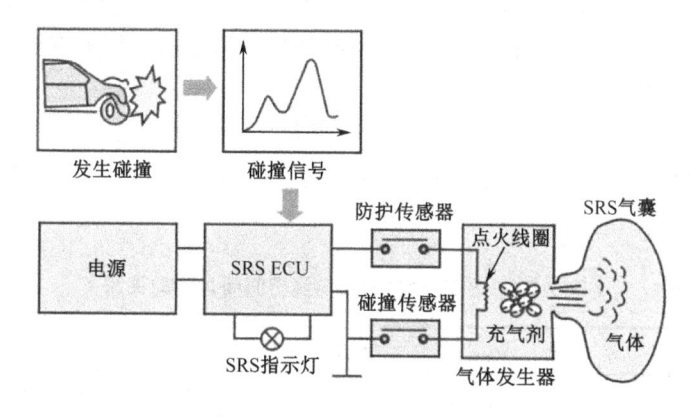

图 7.2.1　安全气囊工作原理

气体发生剂的燃烧十分剧烈,在瞬间产生并释放出大量气体,经过滤冷却后充入折叠的安全气囊,使气囊在极短的时间内突破衬垫迅速膨胀展开成扁球状。当驾驶员或乘员头部、胸部或身体因碰撞时的反冲力向前或向侧面冲去时,鼓起的气囊在驾驶员或乘员的前部或侧面与车身硬件之间形成弹性缓冲气垫,利用气体本身的阻尼作用或气囊背面排气孔排气节流的阻尼作用,吸收并分散驾驶员和乘员的冲击能量。气囊鼓起后很快就从气囊背面的小孔排出部分气体而变瘪,柔软的气囊表面能有效地保护人体头部、胸部和身体其他部分免受冲击伤害或减轻伤害程度。

7.2.2 安全气囊的动作过程

根据德国博世(Bosch)公司在奥迪(Audi)轿车上的试验研究表明:当汽车以车速50km/h与前面障碍物碰撞时,安全气囊系统SRS的动作时序如图7.2.2所示。

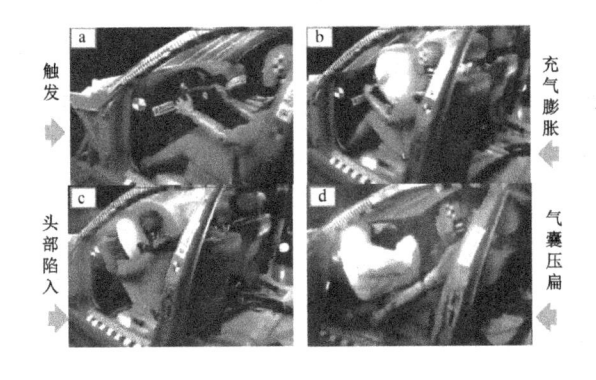

图 7.2.2 安全气囊系统的动作时序图

(1)碰撞约10ms后,SRS达到引爆极限,点火器引爆点火剂并产生大量热量,使充气剂(叠氮化钠药片)受热分解,驾驶员尚未动作,如图7.2.2(a)所示;

(2)碰撞约40ms后,气囊完全充满,体积最大,驾驶员向前移动,安全带斜系在驾驶员身上并拉紧,部分冲击能量已被吸收,如图7.2.2(b)所示;

(3)碰撞约60ms后,驾驶员头部及身体上部压向气囊,气囊的排气孔在气体和人体压力作用下排气节流吸收人体与气囊之间弹性碰撞产生的动能,如图7.2.2(c)所示;

(4)碰撞约110ms后,大部分气体已从气囊逸出,驾驶员身体上部回到座椅靠背上,汽车前方恢复视野,如图7.2.2(d)所示;

(5)碰撞约120ms后,碰撞危害解除,车速降低直至为零。

目前世界各国广泛采用模拟人体进行碰撞试验。SRS动作过程与经历时间之间的关系如表7.2.1所示。

表 7.2.1 SRS 动作过程与经历时间之间的关系

碰撞之后经历时间	0	10ms	40ms	60ms	110ms	120ms
SRS气囊动作状态	遭受碰撞	点火引爆开始充气	气囊充满人体前移	排气节流吸收动能	人体复位恢复视野	危害解除车速降零

7.2.3 安全气囊的引爆条件

汽车发生碰撞后，安全气囊不一定全部打开或者不打开，只有在纵向或横向引爆逻辑条件成熟时才会打开，以防止气囊无谓地工作和损耗，如图 7.2.3 所示。

（1）正面碰撞和侧面碰撞都有其控制范围，正面引爆区为前方 60°，以便确定引爆何方气囊，此任务由电脑的逻辑电路来判定。

（2）纵向或横向减速度极大，超过了传感器设定值才能引爆气囊。

车速低于 30km/h 时发生碰撞，损伤力度不大，安全气囊不必引爆，只依靠电动式安全带收紧器定位即可，或只引爆一次性使用的气动式收紧器。

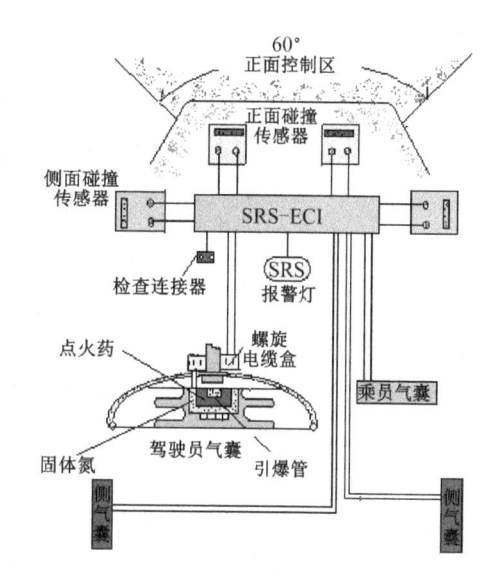

图 7.2.3 安全气囊的引爆条件

（3）车速较高，碰撞力度较大，确认是伤亡性碰撞时，才会引爆气囊。以便准确地排除制动减速度所产生的惯性影响，防止误引爆。

（4）伤亡性的碰撞有两级波形，第一级冲击波是由车身软组织变形产生的，是非伤亡性碰撞，一般不会引爆气囊。第二级冲击波是结构组织硬化后产生的，即刚性组织变形，波幅加大，才能引爆。

（5）因汽车侧面保护能力较差，侧向气囊的引爆概率较高。

7.2.4 安全气囊不引爆的条件

安全气囊不引爆的条件如下：

（1）正面碰撞超过前方 60°控制范围时，只能使侧向气囊引爆。无侧向气囊时，即无侧向保护作用。

（2）受横向碰撞或绕纵轴翻滚（如护栏刮擦等）时，正面气囊不会引爆。无侧向气囊时，即无侧向保护作用。

（3）受后方追尾碰撞时，因对乘员伤亡力度较小，且惯性力有别于正面碰撞，不会引爆气囊。

（4）行驶中紧急制动或在台阶路面上行驶时，或钻入式弹性碰撞，因减速度达不到传感器的规定值，故气囊不会引爆。

（5）如碰撞部位处于"模糊控制区"内，有"不爆"或"误爆"的可能。它与当时的车速、方向、部位、弹性变形等因素有关。奥迪 A6 SRS-ECU 控制电路原理如图 7.2.4 所示。

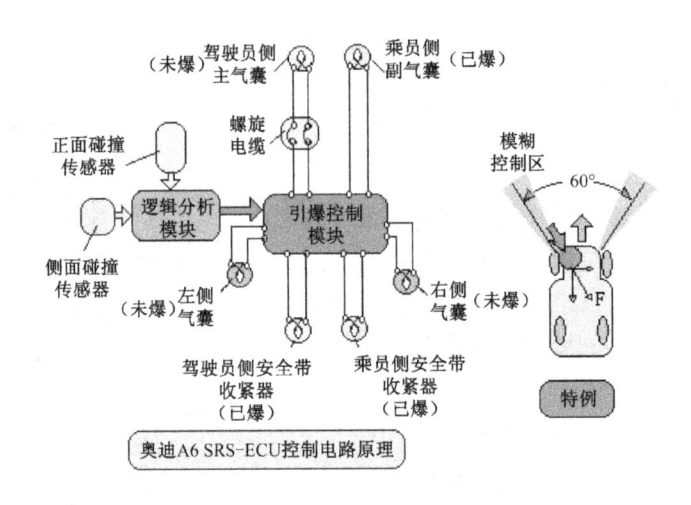

图 7.2.4　奥迪 A6 SRS-ECU 控制电路原理

（6）有的车型（如奥迪 A6 等）乘员侧面的副安全气囊和侧气囊有"锁止开关"，无人时可断开不引爆。锁止开关多位于杂物箱内或变速手柄附近，用点火钥匙拨动转换，并用灯警示。

（7）故障灯已点亮报警，不及时维修，安全气囊即不会引爆。

7.2.5　安全气囊系统保险机构与线束

1. 防气囊误爆机构

如图 7.2.5 所示的线束连接图中，SRS ECU 与 SRS 气囊点火器之间的连接器 2、5、8 均采用了防止气囊误爆机构。

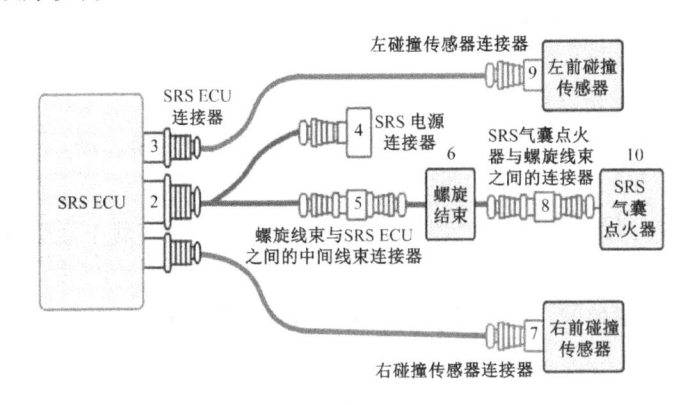

图 7.2.5　轿车安全气囊系统连接器示意图

防止误爆机构为一块铜质弹簧片，称为短路片，其作用是当连接器拔开（插头拔下或插头与插座未完全结合）时，短路片（弹簧片）将自动靠近 SRS 气囊点火器一侧插座上的两个引线端子短接，防止静电或误通电将点火器电路接通而造成气囊误爆。

短路片一般设在连接器插座上,当插头与插座正常连接时,插头的绝缘壳体将短路片向上顶起,如图 7.2.6(a)所示,短路片与连接器端子脱开,插头引线端子与插座引线端子接触良好,点火器电热丝电路处于正常连接状态。

当插头与插座脱开时,短路片将气囊点火器一侧插座上的引线端子短接,使点火器电热丝与短路片构成回路,如图 7.2.6(b)所示,此时即使将电源加到点火器一侧连接器插座上,由于电源被短路片短路,点火器也不会引爆气囊,从而达到防止 SRS 气囊误爆的目的。

(a)连接器正常连接时,短路片端子脱开

(b)连接器拨开时,短路片将端子短接

图 7.2.6　安全气囊系统防误爆机构结构原理图

2．电路连接诊断机构

电路连接诊断机构用来监测连接器是否连接可靠,常用于前碰撞传感器,如图 7.2.5 中 1、3、7、9 所示。

电路连接诊断机构有一个诊断销和两个诊断端子,连接器正常连接时,诊断销与前碰撞传感器中的常开触点并联,如图 7.2.7 所示。

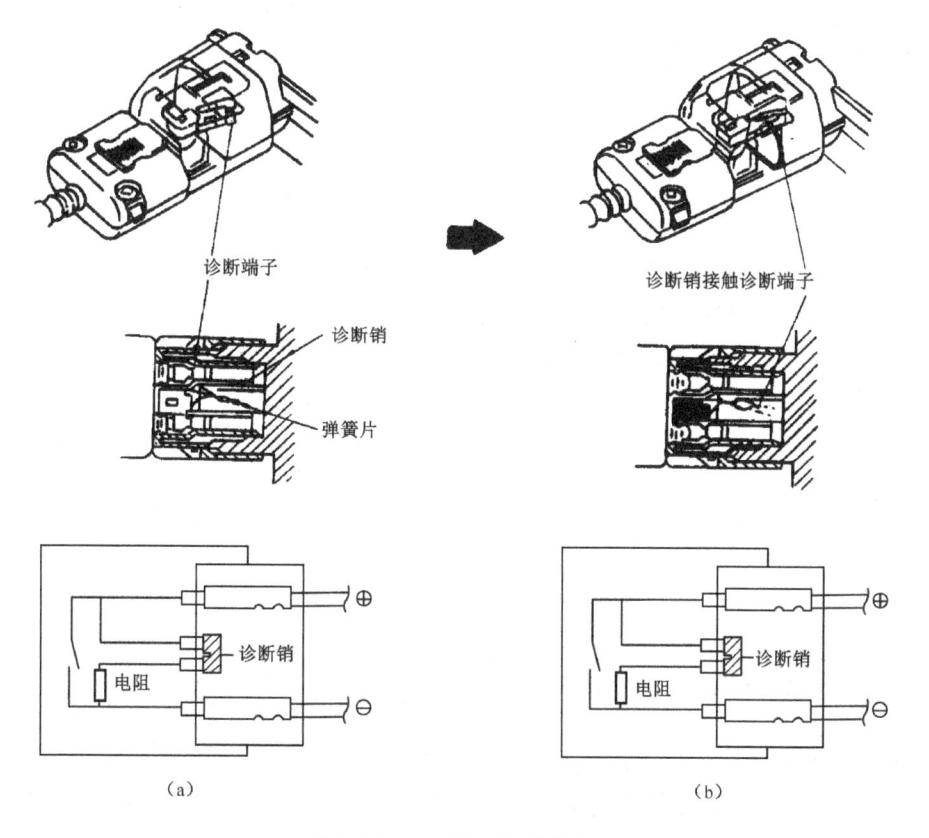

图 7.2.7　电路连接诊断机构

3. 连接器双重锁定机构

连接器双重锁定机构是线束的重要连接部位，用于锁定连接器的插头与插座，防止连接器打开，如图 7.2.8 所示。

当主锁未锁定时，插头上的两个凸台阻止副锁锁定；当主锁完全锁定时，副锁锁柄方能转动并锁定；当主锁与副锁双重锁定时，能够防止连接器插头与插座分开。

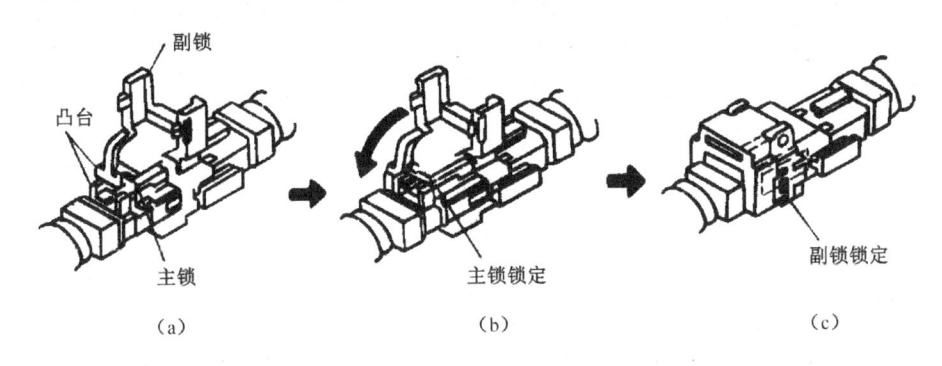

图 7.2.8 连机器双重锁定机构

7.3 安全气囊系统的检修

【情境导入】

案例一：2004 款波罗轿车安全气囊灯常亮

故障现象：

一辆 2004 款波罗轿车，车型为 SVW7144Gli，发动机型号为 BCC（1.4L）。安全气囊灯常亮，进厂报修。经检查，结果是控制单元损坏。

案例二：宝来安全气囊故障指示灯常亮

故障现象：

一辆宝来 1.8L 轿车发生事故，车内正副驾驶安全气囊全爆出来。经过更换双安全气囊及控制单元后，安全气囊故障指示灯常亮且无故障码。

想一想，安全气囊如何使用与维修？

【理论引导】

7.3.1 使用安全气囊的注意事项

使用安全气囊的注意事项如下：

（1）安全气囊装置若发生事故引爆后，必须更换气囊组件的全部元件，该装置只能工作一次。

（2）维修安全气囊时，应送专业部门检修。若想自己尝试维修是不可取的，易造成不必要的损失或伤害。

（3）在进行维修时，应先进行故障自诊断，务必取下故障代码，找出故障部位，然后进行维修。

（4）任何检修工作，务必将点火开关置于 LOCK 位置。必须拆下蓄电池搭铁线 90s 以上，以防备用电源使气囊误爆。

（5）在诊断电路系统时，应使用高阻抗（10kΩ以上）电阻表进行检测。绝对不允许测量点火器的电阻。

（6）安全气囊的部件上均有标牌，其上所列的注意事项均应严格执行。

（7）在车轮进行焊修作业时，必须先脱开气囊组件连接器后才能进行。

（8）报废的安全气囊仍应被拆下并在车外引爆，以防伤人。

7.3.2 安全气囊系统的故障诊断

现代汽车的安全气囊系统均设有故障自诊断系统。自诊断系统由自诊断电路、存储电路、SRS 指示灯和检测插头等组成，其功能是当 SRS 系统出现故障时，检测故障发生的部位，并以故障码的形式储存起来，同时通过 SRS 指示灯向驾驶员报警。

1. 系统自诊断

在起动之前，点火开关转到 ACC 或 ON 位置时，SRS 指示灯亮，大约 6s 后指示灯应自动熄灭，这时系统是正常的。在发动机起动后及正常行驶中，SRS 指示灯不应点亮。

当点火开关转到 ACC 或 ON 位置时，若 SRS 指示灯一直亮或者闪烁，说明气囊的诊断系统已经测出故障并存储了故障代码。

2. 读取自诊断故障代码

安全气囊系统发生故障时，通常都是先调取故障码，然后根据故障码所提示的故障内容和检查部位进行检修。

7.3.3 安全气囊系统故障检修

1. 安全气囊系统检修时的注意事项

在 SRS 安全气囊系统检修过程中，如果不按正确的操作顺序进行，就有可能导致 SRS 气囊意外爆开，不仅会造成较大的经济损失，而且可能造成严重的事故。

（1）安全规范除原设计的线束外，严禁将其他线束接到气囊系统线束上。

（2）禁止使用万用表及其他能产生电源的仪器检测点火器。

（3）存放安全气囊时，应按照气囊向上和连接器向下的方式放置，万一误爆时，这样放置的危险性较小。

（4）不要试图用工具打开安全气囊的气袋或点火器，并禁止对其加热。

（5）维修焊接前应拆掉蓄电池正极；连接电气线束前，认真检查线束是否处于断电状态。

2. 拆卸注意事项

进行任何拆卸工作前，应先进行下列操作：

（1）先接通点火开关，检查仪表板上安全气囊指示灯工作是否正常。

（2）关闭点火开关，拔出钥匙。断开蓄电池正极，等待 2 min 以上，如果安全气囊指示灯工作异常，断开蓄电池正极后应该等待 10 min 后再进行操作。

拆卸转向盘时，应使用专用工具将转向柱锁定在"直向前"的位置，以保证控制装置和螺旋线束在安装中不会被损坏。

（3）只能安装与原车零部件编号相同的配件，点火器是有失效期的，要遵守配件上注明的使用期限。

（4）接通蓄电池后，打开点火开关时，维修人员不要将身体放在安全气囊打开的轨迹之内。

（5）安装完毕后，检查安全气囊指示灯运行是否正常。

7.3.4 安全气囊的引爆

1. 安全气囊引爆后组件的检查

（1）在碰撞之后，座椅安全带收紧装置引爆的情况下，要更换下列装置：座椅安全带收紧装置、SRS 装置、前碰撞传感器。

（2）在碰撞之后，前面安全气囊引爆的情况下，要更换下列构件：SRS 装置、引爆的安全气囊、座椅安全带收紧装置、前碰撞传感器。

（3）在检修过程中，要检修下列区域：检查所有 SRS 线束，更换而不是修补任何受损线束，检查转向线盘是否受到热损伤，如果有任何损伤，则更换转向线盘。

（4）对车辆进行完全检修后，将点火开关置于 ON（Ⅱ），如果 SRS 指示灯点亮约 6s，然后熄灭，则 SRS 安全气囊系统正常。

2. 安全气囊引爆后修复

在碰撞之后，正面安全气囊被引爆的情况下，要更换下列部件：SRS ECU、被引爆的安全气囊组件、座椅安全带收紧装置、前碰撞传感器。

3. 安全气囊系统各部件的更换和检查方法

（1）安全气囊的更换及检查

① 操作安全气囊系统时必须断开蓄电池的接地线；

② 在触摸安全气囊之前，操作人员应释放静电，即通过触摸接地的金属物体，如金属水管、暖风管路或金属支架来释放静电；

③ 不允许随意放置安全气囊，应将带缓冲垫层的一侧向上，如图 7.3.1 所示；

④ 如果安全气囊曾落到三角的板块上或有损坏，就不允许再次安装使用，应立即更换；

⑤ 当安全气囊系统自检到某一安全气囊存在故障时,可利用 2~3Ω 的电阻来代替该气囊进行检测,若故障排除说明气囊已损坏。

(2) 安全气囊控制单元的更换

① 内装碰撞传感器的 SRS ECU 在事故引爆后必须更换,因为其碰撞传感器已失效且无法修复;

② 必须更换相同型号的 SRS ECU;

③ 安装内装碰撞传感器 SRS ECU 时应小心,不可摔打摇晃或落到硬的板块上,注意其安装方向不能装错,如图 7.3.2 所示。

图 7.3.1　安全气囊系统的放置方向 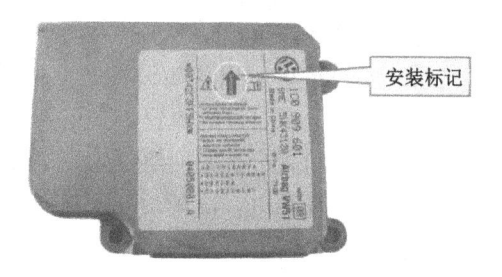　　　图 7.3.2　内装碰撞传感器的安全气囊

(3) 螺旋电缆线的更换

① 安装前须将前轮摆正,螺旋电缆线调整在中央位置后将其装复;

② 螺旋电缆线的对正方法:先按顺时针方向旋转组件直到停止位置,再以相反的方向旋转至停止位置,记录圈数;

③ 使用万用表检测螺旋电缆有无断路或短路,也可以将 2~3Ω 电阻分别连接在线缆的前端和后端上;

④ 安装完毕还应检查安装标记是否对好,以及喇叭开关是否起作用,否则应检查螺旋电缆线及相关电路,如图 7.3.3 所示。

图 7.3.3　安全气囊安装完毕后的检查

7.4 新型智能安全气囊系统

目前，在发达国家，由于普通的安全气囊不能根据乘客乘坐状态、实际车速和碰撞强度来调整气囊开启的速度和强度，造成了一些因为气囊开启强度过大而导致的不必要的人员（尤其是儿童）伤亡事件，使得各大汽车厂商开发出了一些新型智能安全气囊系统。

智能型安全气囊大多采用了红外线或超声波传感器、磁性感应器、逻辑电路或逻辑处理器来对安全气囊系统进行控制，例如，2001款的美洲豹XK系列跑车上安装的一种新型超声波乘客传感系统，该系统有四个超声波感应器，分别安装在车门支柱和车顶托架内，用于确定前座是否有乘客，以及乘客头部和上躯干相对于安全气囊的位置。

该系统不仅可以利用超声波检测前排乘客位置，还可以结合其他传感器监测乘客的体重、驾驶员相对于转向盘的位置、安全带使用与否，以及汽车发生碰撞的严重程度等。该系统的控制电脑利用人造神经网络技术不断监测和分析收集来的数据（如前排人员位置信息）评价轿车碰撞事件并进行决策，以控制安全气囊的展开与否。当系统监测出乘客离安全气囊的展开区太近时，仪表板上的灯光就会发出警告，这时，乘员安全气囊不会发生效力。一旦乘客离开仪表台足够远时，则灯光熄灭，乘员安全气囊重新恢复效力。当乘客座椅空着时，或者当乘客戴有安全带而轿车发生较轻碰撞时，乘员安全气囊不会展开。此外，该安全气囊有三种展开模式：不展开，一级展开，二级展开。

沃尔沃（VOLVO）汽车公司的智能安全气囊系统，当乘员没有佩戴安全带时，其控制电脑能改变安全气囊中气体的压力，使安全气囊在较小的撞击力下膨胀，避免对乘员造成伤害。

一些公司还在儿童座椅上装有一个安全装置，用来控制乘员气囊的工作。例如，西门子公司在儿童座椅下面装有电子信号收发器。当儿童座椅装在乘员席上后，中央电子控制器中的"儿童座椅探测器"的微型天线会发出探测电波，儿童座椅的信号和"免用安全气囊"的信号灯会发光。

若儿童座椅的安装方向是儿童面向轿车行驶的前方，在发生碰撞时，乘员安全气囊能够安全引爆。如果是背向行驶方向，则中央电子控制器会阻止乘员安全气囊发生爆炸，以免儿童受伤，TRW公司则是在儿童座椅上开发了一种磁性片和传感器的组合系统，通过该系统来判断儿童座椅的朝向。

【任务实施】

任务工单

任务名称	汽车安全气囊系统	实训设备	汽车安全气囊实训台
任务目标	1. 掌握汽车安全气囊的组成、特点。 2. 掌握汽车安全气囊检修注意事项。		

任务目标	3．掌握汽车安全气囊故障的读取与清除方法。 4．通过分组活动，培养团队协作能力。 5．通过规范文明操作，培养良好的职业道德和安全环保环境。 6．培养工作方法能力。
知识准备	1．汽车安全气囊的作用。 2．汽车安全气囊系统的组成。 3．安全气囊检修时的注意事项有哪些？
任务计划	1．需要的检测仪器、工具和设备。 2．小组成员分工。
任务实施	1．安全气囊的拆装步骤。 2．故障码的读取方法及步骤。

检查评估	(一)填空题 1. 为防止SRS系统气囊误引爆，SRS系统一般布置了_____、_____和保险传感器。 2. 为确保SRS系统工作的可靠性和安全性，一般SRS系统配备了防止气囊意外引爆的插接件，有的插接件和_____的插接件。 3. 安全气囊主要由_____、_____、_____和ECU组成。 4. 安全气囊的整个工作过程时间约为_____。 (二)简答题 1. 简述SRS系统安全气囊安全引爆的原理。 2. SRS的主要零部件及其作用是什么？ 3. 检修安全气囊有哪些注意事项？
任务拓展	请以北京现代09款伊兰特为例，找出安全气囊系统各部件的安装位置。

第 8 章

汽车导航系统

【本章学习目标】

了解汽车导航系统的组成和特点。
掌握汽车导航系统的工作原理,并能够进行电路分析。
掌握汽车导航常用检测仪器和检测设备的使用方法。
能够按照常规的检测方法和检测步骤进行正确操作。

8.1 汽车 GPS 导航系统

【情境导入】

道路交通中"有路行不通"的问题越来越严重,当汽车在生疏地段行驶时,可能会迷失方向,如何确定自身位置和行进方向,避免在生疏地带或夜间行车时迷失方向?汽车 GPS 导航系统(也称车载 GPS 导航系统)可以引导汽车在繁忙的交通状态和复杂的道路网络中,选择最佳的行驶路径,使其能在最短的时间和路程内到达目的地,解决目前世界各大城市"有路行不通"的问题。

【理论引导】

8.1.1 汽车 GPS 导航系统简介

车载 GPS 导航系统主要由主机、显示屏、操作键盘(遥控器)和天线组成。它实现了野外踏勘、出游旅行的数字化智能导航。它具有准确的地图、地理信息,清晰的行进路线;全球全天候适时性的应用,永无盲区,免费的卫星资源更使用户随心所欲地使用;多种数据信息,包括位置坐标,航行路程、航行时间、方位、偏航方位角、偏航距离、预设报警。

车载 GPS 导航系统的未来似乎是不可限量的,技术进步带来的梦想也是没有止境的。车载导航 GPS 系统为地球表面上每一块土地提供了一个全新的、瞬时可知的地址——这是对位置和距离制定的新的国际标准。目前市场上的车载 GPS 导航仪种类很多，作为成熟的车载 GPS 导航设备，应具有的基本功能包括：GPS 卫星导航定位、电子地图浏览查询、智能的路线规划、全程的语音提示。其中，电子地图的数据量与详细程度最为重要，除了丰富的城市地图外，全国的公路网图也是不可或缺的，否则导航仪可就出城不认路了。此外，机器的外形、安装方式、物理性能也是值得注意的，选择安装程序简便、外形美观、防水抗震、收星稳定的车载 GPS 导航仪会令使用者得心应手。

GPS（全球定位系统）是美国国防部于 1973 年 11 月授权开始研制的海陆空三军共用的美国第二代卫星导航系统，整个系统分成三个部分：空间卫星系统、地面监控系统、用户设备系统，如图 8.1.1 所示。

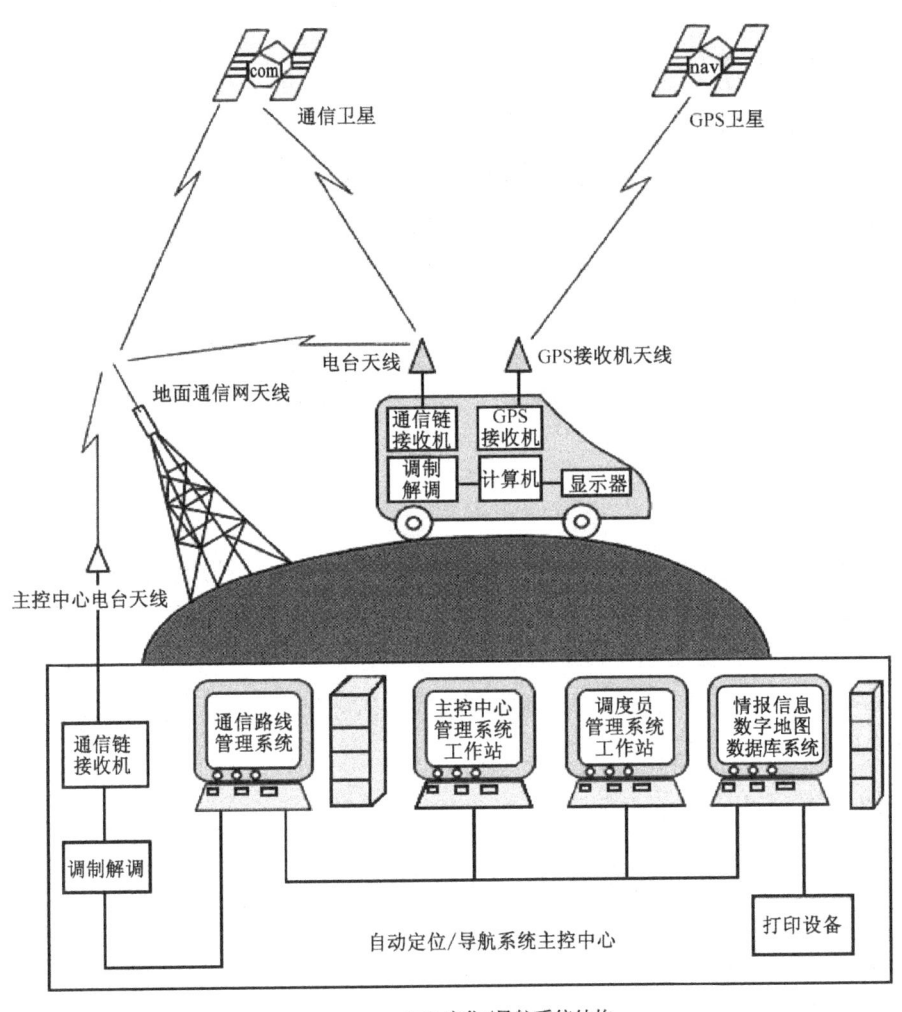

GPS 定位/导航系统结构

图 8.1.1　GPS 定位/导航系统结构

(1) 空间卫星系统：空间卫星系统由均匀分布在 6 个轨道平面上的 24 颗高轨道工作卫星构成，各轨道平面相对于赤道平面的倾角为 55°，轨道平面间距为 60°。空间系统的每颗卫星每 12 小时沿近圆形轨道绕地球一周，由星载高精度原子钟控制无线电发射机发射 L1、L2 两种载波，向全球的用户接收系统连续播发 GPS 导航信号。

GPS 工作卫星网保障全球任意时刻、任意地点都可对 4 颗以上的卫星进行观测，实现连续、实时地导航和定位，如图 8.1.2 所示。

(2) 地面监控系统：该系统包括 1 个主控站、3 个注入站和 5 个监测站。

图 8.1.2　空间卫星结构

5 个监测站均为无人职守的数据采集中心，主要任务是通过接收卫星发播的信号，测量每颗卫星的位置和距离，并将观测数据传送给主控站。

主控站接收各监测站的卫星观测数据、工作状态数据、各监测站和注入站自身的工作状态数据。主控站通过大型数据处理计算机，计算出每颗卫星的轨道和卫星改正值、卫星星历和钟差等，并把数据传到注入站。

注入站接收主控站送达的各卫星导航电文并将其注入上空的每颗卫星。每天发送给卫星一次。

(3) 用户接收系统：主要由 GPS 卫星接收机和 GPS 数据处理软件构成。

GPS 接收机能捕获、跟踪卫星，接收放大 GPS 信号并对信号进行解调和滤波处理，还原出 GPS 卫星发送的导航电文，解求信号的传播时间和载波相位差，实时地获得导航定位数据，或采用后处理的方式获得定位、测速、定时等数据。

GPS 系统提供 P 码和 C/A 码两种定位服务，P 码提供精确定位服务，专门为军方使用；C/A 码提供标准定位服务，供给航海、车辆导航等非军事用途。对于民用定位服务，系统提供的定位精度为 25m，不过当加上人为干扰时(美国政府的 SA 政策)，其定位精度变为 100m。

8.1.2　汽车 GPS 导航系统的功能

1. 导航

使用者在车载 GPS 导航系统上任意标注两点后，导航系统便会自动根据当前的位置为车主设计最佳路线。另外，它还有修改功能，假如用户因为不小心错过路口，没有走车载 GPS 导航系统推荐的最佳线路，使车辆位置偏离最佳线路轨迹 200m 以上，车载 GPS 导航系统会根据车辆所处的新位置，重新为用户设计一条回到主航线的路线，或是为用户设计一条从新位置到终点的最佳线路。

2. 转向语音提示

车辆只要遇到前方路口或者转弯，车载 GPS 语音系统会发出提示用户转向的语音提示。这样可以避免车主走弯路。它能够提供全程语音提示，驾车者无须观察显示界面就能实现导航的全过程，使得行车更加安全舒适。

3. 增加兴趣点

由于我国大部分城市都处于建设阶段，随时随地都有可能出现新的建筑物，由此，电子地图的更新也成为众多消费者关心的问题。因此遇到一些电子地图上没有的目标点时，只要你感兴趣或者认为有必要，可将该点或者新路线增加到地图上。这些新增的兴趣点与地图上原有的任何一个点一样，均可套用进电子地图查阅等功能。

4. 定位

GPS 通过接收卫星信号，可以准确地定出其所在的位置，位置误差小于 10m。如果导航仪中带有地图，就可以在地图上相应的位置用一个记号标记出来。同时，GPS 还可以取代传统的指南针和传统的高度计，显示方向和海拔高度等信息。

5. 测速

通过 GPS 对卫星信号的接收计算，可以测算出行驶的具体速度，比一般的里程表准确得多。

6. 显示航迹

如果去一个陌生的地方，去的时候有人带路，回来时该怎么办？不用担心，GPS 带有航迹记录功能，可以记录下用户车辆行驶经过的路线，小于 10m 的精度，甚至能显示两个车道的区别。回来时，用户可以启动它的返程功能，顺着来时的路线顺利返程。

8.1.3 汽车 GPS 导航系统的使用场合

汽车 GPS 导航系统是在 GPS 的基础上发展起来的一门新技术，具有以下基本特点：全天候、全球性地精确测定汽车的三维位置，即经度、纬度和高度，不受天气变化、地理环境和时间的影响；测量快捷，只需几秒钟就可准确定位；隐蔽性强，不产生无线电干扰，在测量定位时，只接收卫星信号而不发射任何信号。

将全球定位系统（GPS）技术与其他技术相结合，使汽车 GPS 导航系统具有定位、报警、指挥调度、车辆跟踪等多种功能。

汽车 GPS 的应用一般分为车辆跟踪系统和车辆导航系统两大类。

8.2 GPS 导航系统的组成及工作原理

8.2.1 汽车 GPS 导航系统组成

汽车 GPS 导航系统组成由 GPS 信号接收机、自主导航模块（车速传感器、陀螺传感器）、导航计算机、LCD 显示器、智能化地图匹配器、CD-ROM 驱动器、RF 调制解调器与 RF 天线和电子地图数据库组成，如图 8.2.1 所示。

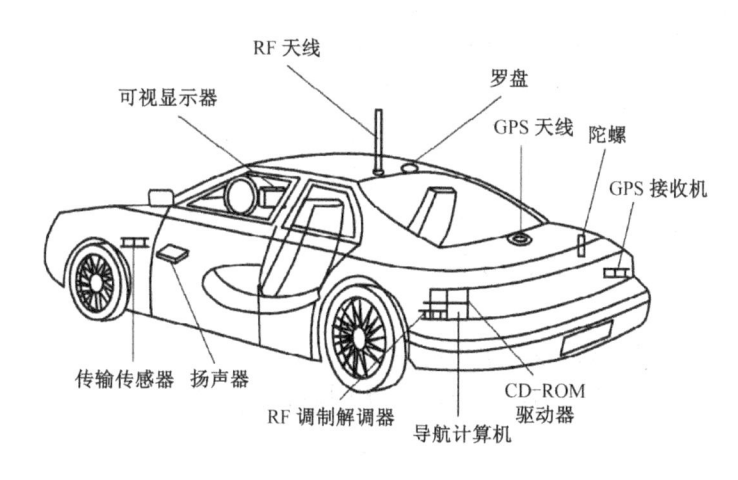

图 8.2.1 汽车 GPS 导航系统组成

在实际应用中，通常在仪表板中央装有 TFT-LCD 显示板、道路地图及其他信息显示用多信息面板；读出地图数据光盘专用的 CD-ROM 放置在行李箱中；有多种传感器，包括前左右轮速传感器、转向角传感器、放在车顶的地磁传感器、GPS 接收天线和信号处理储存箱；GPS 天线放在仪表板中和后行李箱中，从车外看不见，前后两个天线可以进行分散和集中方式接收。

1. GPS 信号接收机

汽车 GPS 导航系统的 GPS 信号接收机能够对 GPS 卫星进行搜索、捕捉。当捕捉到卫星后，即对信号进行牵引和跟踪，并将所接收到的 GBS 信号进行变换、放大和处理，以便测量出 GPS 信号从卫星到接收机的传播时间，解析出 GPS 卫星所发送的导航电文，实时地计算出 GPS 信号接收机自身所在的经度、纬度和高度。

GPS 信号接收机主要由天线单元和接收单元两部分组成。天线单元是由接收天线和前置放大器组成。汽车 GPS 导航系统中的 GPS 信号接收机的天线通常采用全向振子天线、小型螺旋天线或微带天线。其作用是将卫星发来的无线电信号的电磁波能量变换成接收机电子器件可摄取应用的电流。接收单元由信号波道、存储器及计算与控制部分组成。

2. 自主导航模块

自主导航模块包括车速传感器、陀螺传感器等。当汽车行驶到地下隧道、高层楼群或密集森林等地段时，由于遮挡，此时汽车与卫星失去联系。

（1）车速传感器

汽车 GPS 导航系统的车速传感器可采用与制动防抱死系统（ABS）相同的轮速传感器。当汽车转弯时，其左右车轮速度的变化可以通过两个车轮转速传感器的脉冲差进行检测。直接将检测出的车速脉冲送至微处理器，然后计算出汽车前进距离，纪录汽车与卫星失去联系后的每一瞬间的运动状态，从而给出汽车前进的正确位置。

（2）电子陀螺仪

螺旋仪是一种用来传感与维持方向的装置，基于角动量守恒的理论设计出来的。主要是由一个位于轴心且可旋转的转子构成。陀螺仪一旦开始旋转，由于转子的角动量，陀螺仪有抗拒方向改变的趋向。应用在汽车 GPS 系统时，当汽车行驶在蛇形路面、勾状山道、发卡式弯路、雪地、轮渡过河、环状盘形桥等路况时，汽车的前进方向、行驶状态（即汽车行驶的角速度）都要发生变化，此时只有通过陀螺传感器对航向绝对位置的检测和修正才能得到汽车正确定位坐标，如图 8.2.2 所示。

（3）罗盘传感器

罗盘传感器是一个双线圈发电机型地磁矢量陀螺仪，它由一个励磁线圈和两个缠绕在具有高磁通率圆环磁铁上的垂直线圈组成，并通过检测地球磁场来确定汽车的绝对行驶方向，如图 8.2.3 所示。

图 8.2.2　电子陀螺仪　　　　图 8.2.3　罗盘传感器

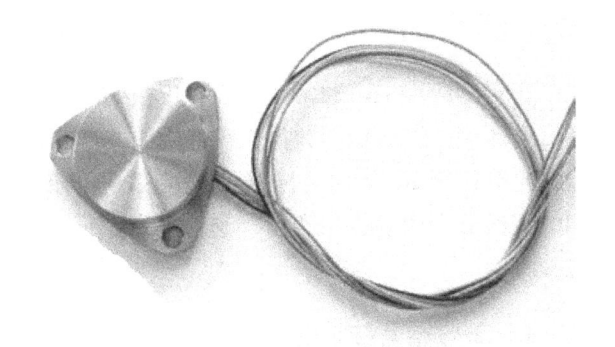

3. 导航计算机

汽车 GPS 导航系统的导航计算机能根据全球定位接收系统所接收到的卫星信号、安装在汽车上的传感器输入信号和存储器中的地图数据进行处理，并再经综合的图像协调后，通过显示器将地图显示在屏幕上，并以闪光标识表示出汽车的实时位置，指示出汽车的行驶方向以及不断地显示当前距目的地的距离。通过检索键还能极方便地找到要去的目的地及最佳行车路线。

4. 电子地图数据库

电子地图数据库即地图 CD，储存着丰富的城市地图、全国的公路网图，以及加油站、便利商店、政府机关、旅游景点、餐馆、停车场等信息。

5. 智能化地图匹配器

由 GPS 导航和自主导航模块所测得的汽车坐标位置数据、前进的方向和行驶路线轨迹在电子地图上都存在一定误差，为了修正这些误差，需采用地图匹配技术。

6. LCD 显示器

LCD 显示器显示相关信息，如位置、路况等视频图像信息。也可选用 CRT 或 TV 显示。

7. CD-ROM 驱动器

CD-ROM 驱动器的作用是读取电子地图数据，并快速发送到 ECU 进行处理。为了使 LCD 显示效果连续，同时保持声音与音像的同步，汽车 GPS 导航系统采用了 4 倍速 650MB 的 CD-ROM 驱动器。

8. RF 调制解调器与 RF 天线

RF 调制解调器与 RF 天线的功能是接收主控中心发出的信息，并同时控制汽车，以实现汽车动态导航。通过 RF 调制解调器建立与 VICS（交通信息控制系统）的联系，以获取交通堵塞、道路故障、道路施工、停车场情况及交通规则变化等实时交通信息，使驾驶员做出快速反应，改变行驶路线，以解决交通拥挤与堵塞问题。

8.2.2 汽车 GPS 导航系统的工作原理

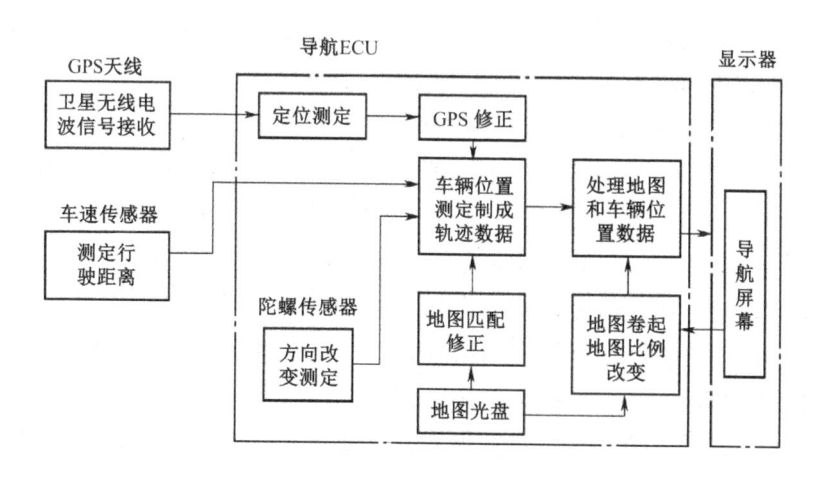

图 8.2.4 汽车 GPS 导航系统的工作原理

首先，GPS 系统测量出已知位置的卫星到用户接收机之间的距离，然后综合多颗卫星的数据就可知道接收机的具体位置。要达到这一目的，卫星的位置可以根据星载时钟所记录的时间在卫星星历中查出。而用户到卫星的距离则通过记录卫星信号传播到用户所经历的时间，再将其乘以光速得到[由于大气层中电离层的干扰，这一距离并不是用户与卫星之间的真实距离，而是伪距（PR），即当 GPS 卫星正常工作时，会不断地用 1 和 0 二进制码元组成的伪随机码（简称伪码）发射导航电文]。

GPS 系统使用的伪码共有两种，分别是民用的 C/A 码和军用的 P（Y）码。C/A 码频率为 1.023MHz，重复周期为 1ms，码间距 1μs，相当于 300m；P 码频率为 10.23MHz，重复周期为 266.4 天，码间距 0.1μs，相当于 30m。Y 码是在 P 码的基础上形成的，因此保密性能更佳。导航电文包括卫星星历、工作状况、时钟改正、电离层时延修正、大气折射修正等信息。它是从卫星信号中解调制出来，以 50b/s 的速率调制在载频上发射的。导航电文每个主帧中包含 5 个子帧每帧长 6s。前三帧各 10 个字码；每 30s 重复一次，每小时更新一次。后两帧共 15000bit。导航电文中的内容主要有遥测码、转换码、第 1、2、3 数据块，其中最重要的则为星历数据。当用户接收到导航电文时，提取出卫星时间并将其与自己的时钟进行对比，便可得知卫星与用户的距离，再利用导航电文中的卫星星历数据推算出卫星发射电文时所处的位置，用户在 WGS.84 大地坐标系中的位置速度等信息便可得知。

可见汽车 GPS 导航系统卫星部分的作用就是不断地发射导航电文。然而，由于用户接收机使用的时钟与卫星星载时钟不可能总是同步，所以除了用户的三维坐标 x、y、z 外，还要引进一个 Δt，即卫星与接收机之间的时间差作为未知数，然后用 4 个方程将这 4 个未知数解出来。所以如果想知道接收机所处的位置，至少要能接收到 4 个卫星的信号。

GPS 接收机可接收到可用于授时的准确至纳秒级的时间信息；用于预报未来几个月内卫星所处概略位置的预报星历；用于计算定位时所需卫星坐标的广播星历，精度为几米至几十米（各个卫星不同，随时变化）；以及 GPS 系统信息，如卫星状况等。

GPS 接收机对码的测量可得到卫星到接收机的距离，由于含有接收机卫星钟的误差及大气传播误差，故该距离称为伪距。对 0A 码测得的伪距称为 UA 码伪距，精度约为 20m，对 P 码测得的伪距称为 P 码伪距，精度约为 2m。

GPS 接收机对收到的卫星信号进行解码，或采用其他技术将调制在载波上的信息去掉后，就可以恢复载波。严格地说，载波相位应被称为载波拍频相位，它是收到的受多普勒频移影响的卫星信号载波相位与接收机本机振荡产生信号相位之差。

一般在接收机时钟确定的历元时刻量测，保持对卫星信号的跟踪，就可记录下相位的变化值，但开始观测时的接收机和卫星振荡器的相位初值是未知的，起始历元的相位整数也是未知的，即整周模糊度，只能在数据处理中作为参数解算。

相位观测值的精度高至毫米，但前提是解出整周模糊度，因此只有在相对定位、并有一段连续观测值时才能使用相位观测值，而要达到优于米级的定位精度也只能采用相位观测值。

在 GPS 的测量中包含了卫星和接收机的钟差、大气传播延迟、多路径效应等误差，在定位计算时还要受到卫星广播星历误差的影响，然而在进行相对定位时大部分公共误差被抵消或削弱，因此定位精度将大大提高。双频接收机可以根据两个频率的观测量抵消大气中电离层误差的主要部分，在精度要求高、接收机间距离较远（大气有明显差别）时，应选用双频接收机。

8.2.3 汽车 GPS 导航系统关键指标介绍

1．跟踪灵敏度

汽车 GPS 导航系统的跟踪灵敏度这一参数对使用者来说是非常重要的，因为当使用者身处城市峡谷、隧道、地下停车场等有遮挡的地方时，GPS 卫星信号的强度会大大降低，如果导航仪的跟踪灵敏度较差，就会出现丢失卫星信号、失去位置信息的情况。

2．定位精度

GB/T19392.2003 中规定系统定位精度应小于 50m（2DRMS 量度）。定位精度差的导航仪在路网相对密集的城市地区导航就显得较为困难，以致导航仪识别不了"掉头"、"左右车道"、"高架桥"、"立交分道"等。这样的导航存在非常严重的缺陷，它会在使用者最需要导航的复杂路段做出错误的引导。

3．位置更新率

GB/T19392.2003 中规定位置更新率应小于 2s。该参数是考核汽车 GPS 导航系统在以一定速度连续移动的状态下，位置数据刷新的间隔时间。

4．捕获

该指标考核汽车 GPS 导航系统以一定速度连续移动的状态下，从启动到捕获的时间。GB/T19392.2003 中规定系统首次装车时，实现捕获过程需要车辆行驶的距离不大于 20km，在车辆行驶中从启动到捕获的时间应小于 5min。

5．效率

选取起点与终点距离在 500km 范围内的路线进行计算，从开始路线计算到开始路线引导的时间应不大于 1min；目标检索过程中汽车 GPS 导航系统对用户操作的响应时间应不大于 1min。

6．电磁干扰

这是消费者容易忽视的问题，由于汽车里集中了大量的电子设备，因此 GPS 导航系统产生的电磁干扰应该控制在一定限度内，以免影响车辆内部的其他电子设备工作。

8.3 汽车 GPS 导航系统的检修

【情境导入】

案例：丰田威驰汽车 GPS 系统故障检修

故障现象：

汽车 GPS 显示器显示的位置与实际位置偏离很大，而且导航系统无声音引导。显而易见，该车 GPS 系统发生故障。该如何排除故障呢？

8.3.1 GPS 导航系统的检修方法

以威驰轿车为例，故障诊断步骤如下：

（1）对车主所述故障的症状进行分析。

（2）确认故障症状，若症状出现，则进行第（5）步，否则进行下一步。

（3）症状模拟。

（4）检查故障码，若为正常码，则进行第（6）步，否则进行下一步。

（5）参阅故障码表，然后进行第（7）步。

（6）参阅故障症状表 8.3.1。

（7）ECU 端子检查。

（8）确认试验。

（9）进行修理或更换部件和/或线束。

（10）确认试验。

（11）结束。

表 8.3.1　导航系统故障症状表

流程序号	症　状
1	即使按下"PWR/VOL"开关或任何音开关，屏幕不显示
2	面板开关不起作用
3	虽然按下"WR/VOL"开关，听不到声音（显示和开关操作正常）
4	按下"AP/VOICE、MENU"或"DEST"开关，不显示导航屏幕（不能切换屏幕）
5	导航屏幕不稳定（同步错误）
6	导航屏幕颜色不正常（RGB 信号）
7	按下"MAP/VOICE"、"MENU"或"DEST"开关时出现黑屏
8	只有前扬声器（驾驶员一侧）无声（收音机、磁带、CD）
9	不能插入地图光盘
10	不出现地图显示屏幕（光盘提示屏幕不变化）
11	显示地图白屏或蓝屏（显示切换和车辆位置标记）

续表

流程序号	症 状
12	灯光控制开关转到 TAIL 位置，屏幕不能变暗
13	触摸开关不起作用（只在导航屏幕）
14	车辆位置严重偏离正确位置
15	GPS 标记不消失
16	无导航声音
17	车辆位置标记失控（地图失控）
18	行驶方向与车辆位置标记的运动方向相反
19	CD 不能插入，或插入后又弹出，或不能插入
20	CD 不能弹出
21	磁带不能插入或插放
22	磁带不能弹出
23	CD 跳音
24	出现噪声
25	不能接收无线电广播（接收效果差）
26	光盘播放器屏幕不显示（声音和屏幕都不切换）
27	只有光盘播放器声音不良（音量低）

8.3.2 预检查

1. 导航系统正常情况下可能出现的问题

（1）威驰轿车导航系统即使其处于正常状态，但若存在以下情况，也不会执行语音导航：
① 未设定行驶目的地；
② 轿车未按指定路线行驶（指示轿车当前位置所剩余距离不显示在地图屏幕左下角）；
③ 未在其他模式中设置导航功能（在这种情况下只有地图屏幕，但无语音提示）。

（2）即使导航系统处于正常状态，但轿车图像在屏幕上是随意转动的。若点火开关处于 ACC 或 ON 位置，当轿车正在转弯时，导航系统把记录此时的角速度作为标准图像。为了解决此问题，应在停车时，断开点火开关后再将其置于 ACC 或 ON 位置，并观察此故障是否再次出现。

2. 检查故障发生时的位置

检查轿车图像显示错误是否发生在相同或不同地点。注意：当轿车在高速公路上或行驶在环形路，与另外一条平行的路面，或轿车刚驶出停车场时，此时轿车图像可能偏离其实际所处位置。

3. 诊断系统模式

威驰轿车导航系统的诊断系统模式如图 8.3.1 所示。

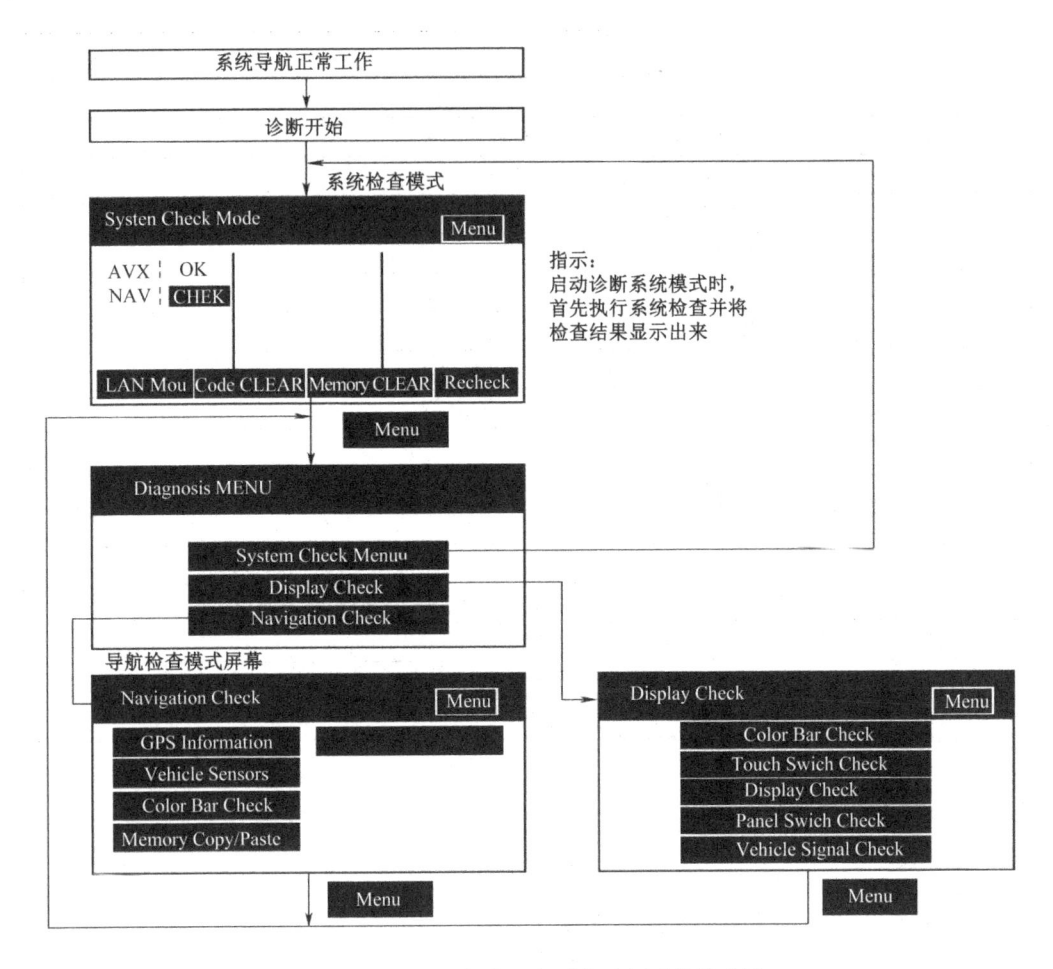

图 8.3.1　威驰轿车导航系统诊断系统模式图

8.3.3　故障诊断

威驰轿车导航系统故障诊断如表 8.3.1 所示，其误诊故障实例如表 8.3.2 所示。

表 8.3.2　误诊故障实例

工　　况	原　　因	恢复步骤
关闭"PWR/VOL"开关时，屏幕显示"AUDIO OFF"	"PWR/VOL"开关关闭音响，但不关闭屏幕，要关闭屏幕必须按下"SCREEN OFF"开关	按"DISPLAY"开关→按屏幕上的"SCREEN OFF"开关
当屏幕在导航和音响之间切换时，屏幕太暗或太亮	导航和暗响屏幕对比度设置是不同的，需要分别设置	导航：按"DISPLAY"开关，并通过"BRIGHTNESS"开关调节音响：按"DISPLAY"开关，并通过"CONTRAST"开关调节
即使按"NAVI"开关，当前位置也不显示	按"NAVI"开关显示前一个屏幕，对于当前位置，必须按"MAP/VOICE"开关	按"NAVI"开关→按"MAP/VOICE"开关

续表

工 况	原 因	恢 复 步 骤
按仪表板开关，但不起作用	由于此开关是压力敏感型，要确实按下：仪表板开关处于无效状态（变暗），即使按它也不起作用	要确实按下面板开关，如果压力不够或时间不足，都不起作用

8.3.4 常见故障排除

1. 按下 MAP/VOICE、MENU 或 DEST 开关时不显示导航屏幕（不能切换屏幕）故障的检查

（1）检查用电路

检查用电路如图 8.3.2 所示。

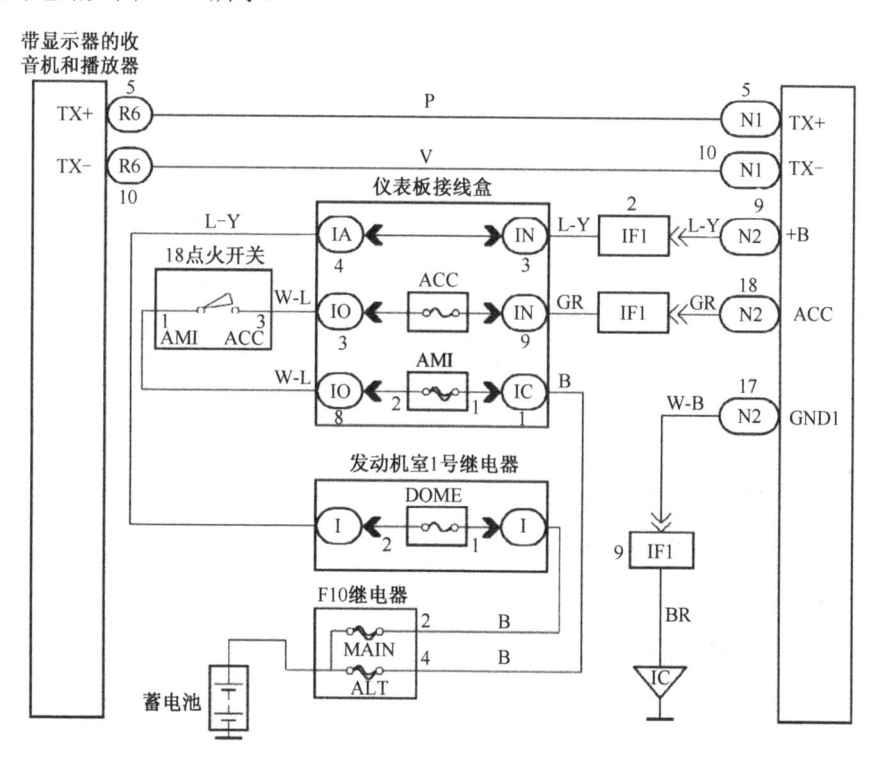

图 8.3.2　按下开关时不显示导航屏幕故障的检查用电路

（2）检查程序

① 维修检查模式（导航）。

② 在不拔下导航 ECU 线束插接器的情况下拆下导航 ECU，并检测如图 8.3.3 所示的导航 ECU 线束插接器端子 +B 和 ACC 分别与 GND 之间的电压值应符合表 8.3.3 中的规定。检查图 8.3.3 所示端子 GND 与搭铁间的导通性，正常应导通。若检查结果正常，则进行下一步，

否则应修理或更换线束。

③ 检查线束及其插接器（收音机总成与导航 ECU 之间）。

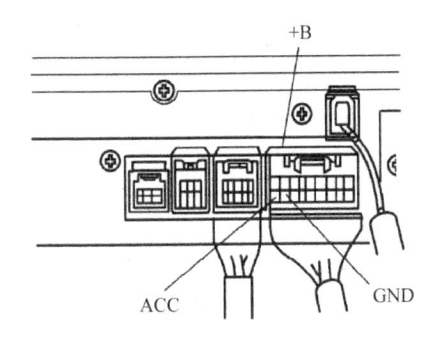

表 8.3.3　导航 ECU 线束连接器端子间电压检测

端　子	条　件	电压/V
+B-GND	恒定	10～14
ACC-GND	点火开关在 ACC 位置	10～14

图 8.3.3　端子间电压检测

2. 轿车严重偏离正确位置故障的检查

（1）检查显示。
（2）检查何时发生。
（3）检查信号。
（4）导航检查模式。
（5）再次检查和操作。若仍不正常，则检查导航 ECU，必要时予以更换。
（6）检查导航 ECU。

3. GPS 标记不出现故障的检查

（1）检查标记显示。
（2）检查选装附件。
（3）检查导航天线总成。

4. 轿车位置标记失控（地图失控）故障的检查

（1）电路
轿车位置标记失控故障检查参考电路如图 8.3.4 所示。

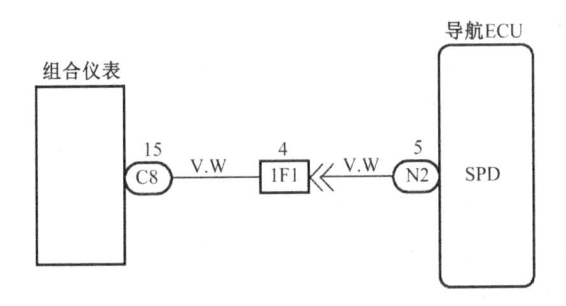

图 8.3.4　轿车位置标记失控故障检查电路

（2）检查程序

① 再次检查和操作。

② 导航检查模式。

③ 检查导航 ECU。

5. 行驶方向与轿车位置标记运动方向相反故障的检查

（1）检查电路

行驶方向与轿车位置标记运动方向相反故障的检查参考电路如图 8.3.5 所示。

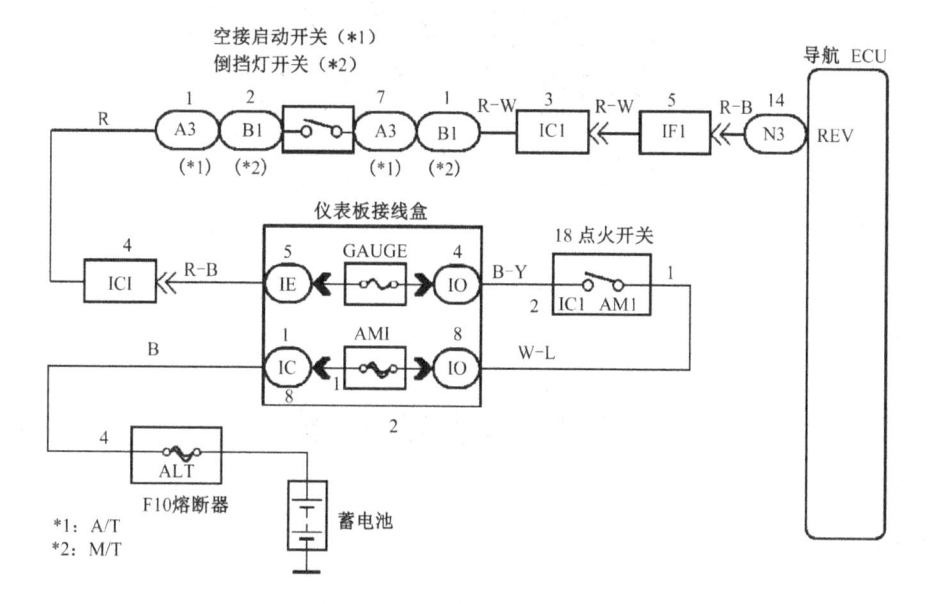

图 8.3.5　行驶方向与轿车位置标记运动方向相反故障的检查

（2）检查程序

① 导航检查模式。执行导航检查模式的轿车信号检查，启动诊断系统，检测轿车信号检查模式 REV 信号的结果如图 8.3.6 所示。若输入信号正常，则检查导航 ECU，必要时予以更换，否则进行下一步。

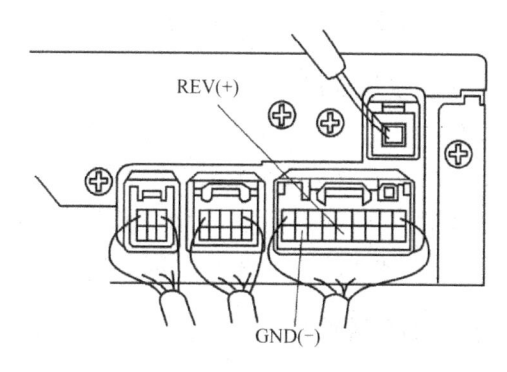

图 8.3.6　电压检测

② 检查导航ECU。在不拔下导航ECU线束插接器的情况下，拆下导航ECU，如图8.3.7所示，检测导航ECU线束插接器端子REV与GND间的电压。若其值在接通点火开关并把变速杆置于倒挡时为10～14V，则检查导航ECU，必要时予以更换，否则应修理更换线束或线束插接器。

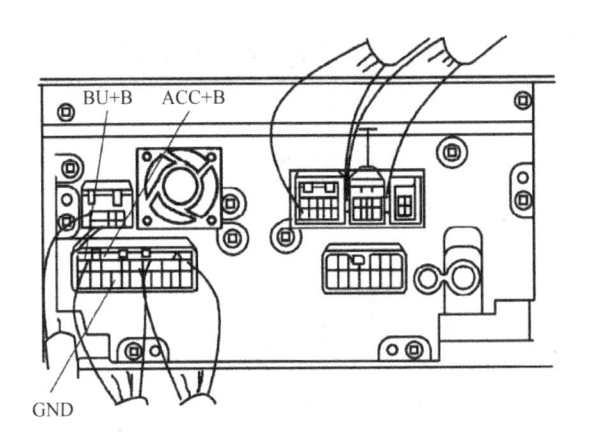

图8.3.7　多功能显示器总成检查

8.4　智能交通系统

【情境导入】

交通管理部门开始借助于当今的新技术来保障交通顺畅，改善道路安全，减少交通拥挤以及空气污染对生态环境造成的恶劣影响。因此把车辆和道路综合起来系统地解决交通问题的思想和方法应运而生，这就是智能交通系统（Intelligent Transportation System，ITS）。

8.4.1　智能交通系统出现的原因

1. 城市化进程高速发展与城市交通结构的不合理性

城市地区人口的增长对城市交通的需求快速上升，特别是家庭汽车拥有量急剧提高。另一方面，我国城市交通系统结构还存在相当的不合理性，导致城市交通阻塞、交通事故和交通污染等问题愈加突出，仅2013年就有交通事故报告667507起，造成104372人死亡，494174人受伤，直接经济损失高达33.7亿元。目前，在中国，平均每1分钟就有1人因交通事故受伤，每5分钟就有1人因交通事故死亡，交通事故已成为儿童意外死亡的第二大原因。

2. 道路的低增长率与汽车的高增长率

根据世界各国几十年的统计，道路的增长率总是低于汽车的增长率。在发达国家，道路的增长已接近于停滞,而 1995 年世界汽车的增长率仍有 3.5%。在中国,1996 年与 1978 年相比,机动车数量增加了 27 倍,而公路通车里程仅增加了 0.32 倍。面对越来越拥挤的交通,有限的资源和财力以及环境的压力使得基础设施的建设受到限制。

3. 道路资源使用的不充分性

在交通运输研究过程中,科学家和工程技术专家发现,在交通高峰时期,中心城市道路系统和国家高速公路并不是全部都发生交通堵塞,有相当一部分道路的交通依然畅通。

8.4.2 智能交通系统的概念及发展

1. 智能交通系统的概念

智能交通系统运用先进的是指通信、网络、自动控制、交通工程等技术,改善交通运行系统的运行状况,提高运输效率和安全性,减少交通事故,降低环境污染,从而建立一个智能化的、安全、便捷、高效、舒适、环保的综合运输体系。

智能交通系统把先进的检测、通信和计算机技术综合应用于由汽车和道路构成的道路交通运输系统。

2. 智能交通系统的发展

早在 20 世纪 30 年代,美国通用汽车公司和福特汽车公司就倡导和推广过"现代化公路网"的构想。

20 世纪 60 年代末出现了计算机交通控制技术。

20 世纪 80 年代后期,ITS 技术开始迅速发展,许多发达国家争先恐后地进行开发和研究,形成了欧洲、美国和日本三大体系。

欧洲:尤里卡计划、欧洲交通安全道路体系、交通信息预测系统、伽利略计划。

日本:先进的动态交通信息系统、超智能汽车系统、路车间通信系统。

美国:智能交通运输系统。

8.4.3 智能交通系统的组成

ITS 是若干技术开发项目的集中表现,这些技术开发项目加强了道路、车辆和驾驶员三者之间的联系。

主要包括以下几部分。

1. 先进的交通管理系统(ATMS)

ATMS 用于检测、控制和管理交通,它依靠先进的交通检测技术和计算机信息处理技术,获得有关交通状况的信息并进行处理。ATMS 包括城市区域交通信号控制系统;高速公路管理系统;交通事故管理系统和电子收费及交通管理系统。

2. 先进的驾驶员信息系统

ATMS 用于引导路网中的交通流尽可能在不拥挤的路段和交叉口中运行。它依靠先进的交通检测技术和计算机信息处理技术，获得有关交通状况的信息并提供给驾驶员，其核心是车辆导航系统，理论基础是动态交通分配（该理论为 ITS 的基础理论）。主要研究内容还包括停车场停车引导系统及数字地图数据库。

交通流诱导系统也称为车辆导航系统，是基于电子、计算机、网络、通信等现代技术，根据出行的起、讫点向驾驶员提供最优路径引导指令和丰富的实时交通信息，或者通过实施交通信息帮助驾驶员找到一条从出发地到目的地的最优路径的系统，这种系统的特点是把人、车、路综合起来考虑，通过诱导驾驶员的出行行为来改善地面交通，防止交通堵塞和减少车辆在道路上的逗留时间，并且最终实现交通流在路网中各个路段上的合理分配。

3. 先进的公共交通系统

先进的公共交通系统采用各种技术促进公共运输业的发展，包括车队管理系统、乘客出行信息系统、公交优先系统、电子支付系统等。

4. 先进的商业车辆运营管理系统

先进的商业车辆运营管理系统是采用各种技术谋求最大效益的一种调度系统，以提高企业运输效率，增加安全性，改进对突发事件的反应能力，改善商业运营车队管理等为目的，包括商业车辆的电子通关系统、车载安全监控系统、商业车辆管理系统、危险品的应急响应系统等。

5. 先进的车辆控制和安全系统

该系统是为了帮助驾驶员实行车辆控制，从而使汽车行驶更加安全、高效。该系统包括汽车防碰撞系统、智能化行车控制系统、驾驶员安全监控系统、车辆安全监控系统等。

【任务实施】

任务工单

任务名称	汽车导航系统	实训设备	汽车导航系统实训台
任务目标	1. 掌握汽车导航系统的组成、特点。 2. 掌握汽车导航系统检修。 3. 通过分组活动，培养团队协作能力。 4. 通过规范文明操作，培养良好的职业道德和安全环保环境。 5. 培养工作能力。		

知识准备	1. 汽车导航系统的功能有哪些？ 2. 汽车导航系统由哪些部分组成？ 3. 用自己的语言描述智能交通系统。
任务计划	1. 需要的检测仪器、工具和设备。 2. 小组成员分工。
任务实施	1. 显示器的安装主要有哪些步骤？ 2. 简述故障码的读取方法及步骤。

检查评估	(一)填空题 1．汽车导航的目的就是_____汽车在繁忙的交通状态和复杂的道路网络中的路径，使其能在尽量短的_____和_____内到达目的地。 2．GPS导航定位系统装置包括 _____、_____、_____等。 3．全球卫星定位系统安装在汽车上，可即时定位、_____、_____、_____、_____、遥控断油断电、遥控开锁车门、蓄电池欠电压报警。 (二)简答题 1．汽车导航系统有哪些功能？ 2．常用的汽车导航系统有哪些？ 3．使用汽车导航系统时应注意哪些问题？
任务拓展	请以你熟悉的某款车为例，用该车导航系统实际为你导航。（从甲地到乙地，不走高速并且路程最短。）

参 考 文 献

[1] 吴君. 陆叶强. 魏俞涌. 张琴友. 汽车底盘电控系统检修 北京 电子工业出版社 2011
[2] 谭本忠. 汽车维修专业情景化教学教材. 山东 山东科学技术出版社 2010
[3] 尹力. 汽车电子控制技术. 天津 天津科学技术出版社 2010

反侵权盗版声明

电子工业出版社依法对本作品享有专有出版权。任何未经权利人书面许可，复制、销售或通过信息网络传播本作品的行为；歪曲、篡改、剽窃本作品的行为，均违反《中华人民共和国著作权法》，其行为人应承担相应的民事责任和行政责任，构成犯罪的，将被依法追究刑事责任。

为了维护市场秩序，保护权利人的合法权益，我社将依法查处和打击侵权盗版的单位和个人。欢迎社会各界人士积极举报侵权盗版行为，本社将奖励举报有功人员，并保证举报人的信息不被泄露。

举报电话：（010）88254396；（010）88258888
传　　真：（010）88254397
E-mail：　dbqq@phei.com.cn
通信地址：北京市万寿路 173 信箱
　　　　　电子工业出版社总编办公室
邮　　编：100036